W0172135

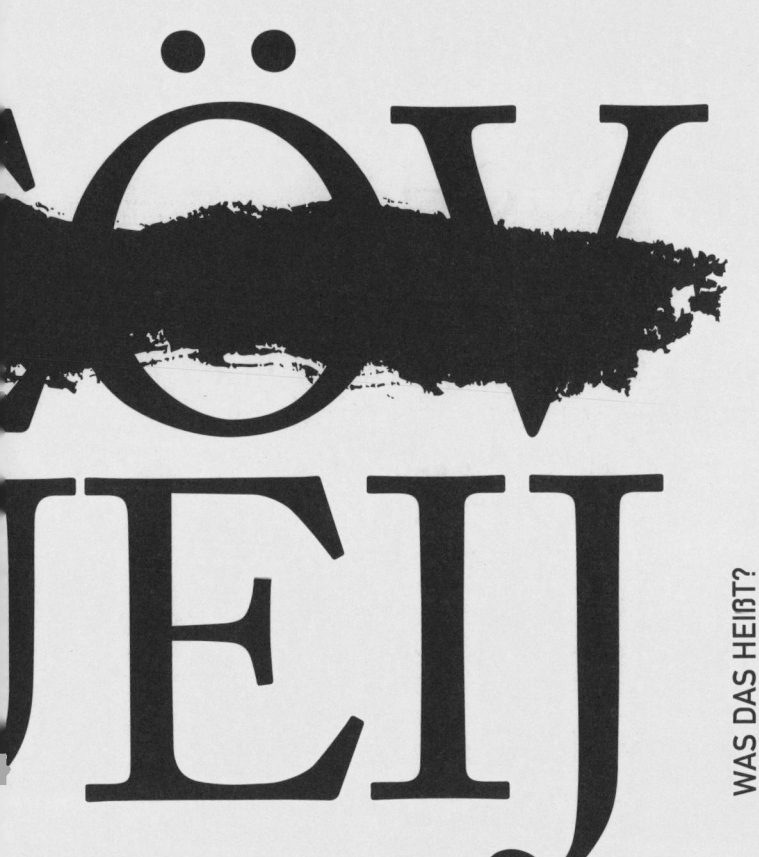

WAS DAS HEISST?
WISSEN WIR DOCH NICHT.
WIR SCHREIBEN HIER NUR GESCHICHTE...

WIE SCHREIBT MAN EIGENTLICH EIN BUCH?

DAS SCHRIFTSTELLERDASEIN
WECHSELT SPRUNGHAFT VON ABSOLUTER
EUPHORIE ZU PLANLOSER LETHARGIE.
MAN MUSS LAUFEN LASSEN
WENNS DRÜCKT UND DAS
ERGEBNIS AKZEPTIEREN.

Ich bekam das Angebot eines Verlages ein Buch zu schreiben, was natürlich völliger Quatsch ist (wie man an dem Buch in deiner Hand erkennen kann). Davon habe ich Lars erzählt, der gerade am Kühlschrank nach einer Motivationsbüchse griff. Wir waren uns einig, dass Buchanfänge, die endlosen Füllwörter und Beschreibungen von Nichtigkeiten eine gute Story nur ausbremsen. Eine interessante Geschichte beginnt sofort, ist mit Kraftausdrücken durchsiebt und kommt ohne Umwege schnell und hart zum Ende. Konnte also nicht allzu schwer sein. Um das zu beweisen haben wir die erste Geschichte geschrieben (Freizeitwrestling in irgendeiner Kieler Turnhalle), festgestellt, dass wir dafür kein sonderliches Talent mitbringen, die Geschichte auf meinem Youtube-Kanal vorgelesen und ordentlich Gegenwind kassiert. Ein Grund weiterzumachen. 2-3 Geschichten später flog die solide Fanbase (bestehend aus Lars und mir) nach Schweden und wir schlossen uns für ein paar Tage mit gutem und schlechtem Wein, einem riesigen Stück Käse und Kaminfeuer ein. Das hier ist das Ergebnis des Synapseninferno.

Wie es aussieht, musst du keine Geschichten schreiben können, um Geschichte zu schreiben.

Lars und Fynn

INHALT

INHALT ^{2/2}

GALAKTO UND JÜRGEN

Alienblut ist dicker als Wasser

Die beiden übergewichtigen Frachterpiloten pendelten zum hundertsten Mal auf der Route zwischen Riegel 7 und dem Mars. Mittlerweile waren sie träge, antriebslos und übermüdet. Der typische Galaxis-Trucker eben.

Wenn nicht gerade Schichtdienst angesagt war und die beiden sich mit der Beobachtung des Autopiloten abwechseln mussten, hockten sie zusammen auf der verrotzten Couch, die Klingonenjogger auf halb Acht, im muffelnden Minicockpit und hinten dran ein riesen Arsch voll Fracht. Meistens komplett überladen, rauschten sie mit sieben „Parsec pro Sekunde" senkrecht durchs All.

01

Bevor Jürgen sich an die Optimierung des Antriebs gemacht hatte, konnte Galakto gerade mal mit vierfacher Lichtgeschwindigkeit durch den Kosmos schrubben. Nun, mit weit offenem Krümmer, schafften die beiden auf den Monat gute sieben Fahrten mehr und das bedeutete bare Imperiale Credits.

Jürgen war ein stämmiger Mensch, Galakto ein stämmiges Molchwesen vom Stamme der Kaduri Nubanen.

Die beiden lernten sich bei Rosi kennen. Jeder liebte Rosi, denn sie war im ganzen Sternenbild für ihre Mett-Flat bekannt. Für zwei Credits bekam man hier ein galaktisches Truckerfrühstück: Sechs Liter Kaffee und zwei Kilo Schweinemett ohne Brötchen. Für einen weiteren Credit gabs Zwiebeln satt.

Als sie sich bei Rosi das erste Mal trafen, waren beide angeschissen von ihren Jobs und einigten sich nach zwei gewalttätigen Hassreden darauf, dass das Frachtwesen noch Potenzial bot und genau das Richtige für die beiden Glitschköppe war. Nach einem Fass Kaffee und einem molchigen Handschlag war die Firma "**UPS**" – "Ultimate Package Spaceshipping" geboren.

Sie schossen noch am gleichen Tag einen günstigen Frachter von ihrem Ersparten, tauften ihn: „Großer Bruder" und schalteten bei Rosi ein A3-Plakat mit der Aufschrift:

„Wir sind immer da – Freunde fürs Leben!"
Diese außerirdische Reklame schlug ein, wie eine Neutronenbombe. Nach wenigen Minuten hatten sie den ersten Job: Eine riesige Lieferung Soße für die Remoulaner ins Ikearus-System musste chauffiert werden.

Jürgen erinnerte sich gerne an den Start ihres Kleinunternehmertums. Das nostalgische Schwelgen auf dem Chefsessel des Cockpits wurde jedoch durch ein Rumpeln unterbrochen. Der pfiffige Galakto vermutete sofort die Zylinderkopfdichtung und kontrollierte die abgewetzten Siliziumkristalle im Maschinenraum. Da war alles tutti.

Es rumpelte ein weiteres Mal. Jürgen schrie: „Galakto, Galakto! Brücke an Galakto. Wir werden angegriffen", weil er vermutete, dass sie angegriffen wurden.

Es waren die chinesischen „Zwergs". Die fingerhutgroßen Aliens schossen sich selbst mit Minikanonen gegen die Außenhaut des „Großen Bruders" und rammten ihre spitzen Reißzähne in den

Schutzpanzer des Frachtkreuzers.

Galakto, der mal wieder den Kürzeren gezogen hatte, musste mit dem Kärcher raus auf die Tragflächen und die nervigen Biester mit acht atü wegflanschen, damit Jürgen wieder Gas geben konnte.

Er kraxelte luftanhaltend aus der engen Schleuse ins dunkle Nichts. Dabei wurde Galakto nur durch einen übrig gebliebenen

Rouladenfaden des heutigen Mittagessens gesichert, den er sich lapidar um den rechten Knöchel gewickelt hatte. Vorab triumphierend richtete er seinen Kärcherschnorchel auf die bissige Meute und feuerte los. Eine satte Ladung H2O traf einen Großteil der Angreifer. Galakto hatte jedoch den Rückstoß nicht einkalkuliert, wodurch er unverzüglich von der Tragfläche gespült und nun ohne jegliche Kontrolle an dem dünnen Rouladenfaden wie ein Weltraumschaschlik durchs All gezogen wurde. Die Zwergs konnten sich vor Lachen nicht halten. Das hatte zumindest den Effekt, dass die Tragfläche wieder frei und die Angreifer, sich den Bauch haltend, in den Orbit zurückgeschleudert wurden.

Jürgen feierte vergnügt, Galakto ging die Luft aus. Er besann sich auf sein Physikstudium, griff nach seiner Hose, die sich gerade verabschieden wollte, nutzte das Bisschen H2O-Restschub des Kärchers und schoss sich damit zurück Richtung Schleuse.

Wieder ein Abenteuer überstanden. Sie trugen die Vorfälle in ihr Freundschaftslogbuch ein und widmeten sich wieder ganz dem Geschäft.

Da sich seit dem Abschluss der Soßensache nichts Anderes angeboten hatte, mussten sie dieses Mal einen Job mit zweifelhafter Zahlungsaussicht annehmen. Aber das war nichts Neues, denn die beiden waren wirklich feine Typen. Selbst bei Zahlungsausfall boten sie stets zwei Prozent Skonto auf den Gesamtbetrag. So konnten sich sogar die Souflaken aus der Ouzogalaxis einen Transport leisten und beauftragen die beiden Piloten mit der Überschiffung ihrer neuesten Fluggeräte. Sie hatten 200 Gyroskopter geladen, die möglichst schadenfrei ankommen sollten.

Taten sie auch. Die Jungs waren ja Profis.

Nach der Landung schnappte sich Galakto den Hubwagen und pumpte die Gyroskopter direkt in den Parthenonhangar, während Jürgen sich auf den Weg zur Frachtannahmestelle machte, um sich die versprochenen imperialen Credits abzuholen.

Er schlurfte durch die kleine Tür, blieb stecken, bat die Beamten um Hilfe und hielt die Hand auf.

„Theofanis Suttaki", der Handelsminister guckte auf der anderen Seite der Tür traurig in die leere Staatskasse der Souflaken, die aus einer alten Niveadose bestand, und schüttelte peinlich berührt den Kopf.

„Nee nee Kumpel, diesmal nicht!", sagte Jürgen. „Entweder ihr zahlt oder Galakto lädt den ganzen Kladderadatsch wieder ein." Da die Souflaken die Gyroskopter auf jeden Fall als Touristenattraktion brauchten, um die dortige Wirtschaft anzukurbeln, bot Theofanis ihnen an, die nächste diplomatische Instanz einzuschalten. Er klingelte bei „Space-Schäuble" durch und bat um ein weiteren Kredit.

Jürgen konnte dessen Antwort deutlich aus dem Fernsprecher verstehen: „Des kanscht knigge!"

Bedröppelt legte Theofanis auf und vertröstete die Frachtercowboys mit dem letzten verbliebenen Wertgut des einst glanzvollen Planeten.

So zogen Galakto und Jürgen schmatzend mit einem Frachter voller Oliven und Geröll von dannen. „Erst mal zu Rosi", sagte Jürgen mit vollem Mund auf der siffigen Couch.

DER BAUERN-LEHRLING FRIDJOF GRIBBELKOVEN

Business as usual

Morgens halb fünf in Deutschland. Der Wecker bimmelte. Fast wäre Fridjof vor Schreck die Flasche Korn aus der Hand gefallen. Er fummelte seine ollen Agrarpumps zurecht, zog die Latzhose auf Halbmast, schwang sich auf seinen 77 Eber und düste zum Melkstall.

4000 Liter später drehte er mit beherztem Schwung die letzte Zitze dicht und machte sich an seine Ackerschlagkartei. Er musste seine tägliche Gewichtszunahme in die Hof-Tor-Bilanz

02

übertragen, um die Ringelschwanzprämie abzugreifen. Da kam auch schon der gut aussehende spanische Leiharbeiter „Rocko", von allen nur „Die Saatmaschine" genannt, ins Büro: „Isse geil?", fragte er.

Fridjof, der Rocko ebenfalls attraktiv fand, sagte: „Ja Rocko, isse geil!" Sie knutschten eine Weile hinter dem Milchfass, bis sie den Spurenreißer hinter dem 11er Deutz ihres Chefs sahen. Dieser rangierte gerade auf dem Gehöft umher. Sie schlurften zum Boss, um Instruktionen für den restlichen Tag zu erhalten. Der Chef sagte: „Moin." Fridjof sagte: „Moin." Rocko sagte: „Isse geil."

„Jungs, fahrt ihr ma´ nach´ n Tobaben wech. Ich brauch drei Pötte Ferkelstarter und aufm Weg haltet ihr noch kurz am Karpfenteich von Hini und schmeißt da die kaputt gegangenen Bachens rein."– „Ach", ergänzte er, „ich brauch auch noch Schmatze für die Kolben, da läuft wat unrund."

Rocko nahm Fridjof auf den Arm, legte ihn auf die Ladefläche seines MB TRACs, küsste ihn zärtlich auf die Stirn, schwang sich auf den Fahrersitz und fuhr los. Erst mal die Kadaver entsorgen.

Zwei Stunden später waren die Buben mit einem Fass voll Treckerschmatze und dem Ferkelstarterset zurück. Sie polierten etwas Schmatze auf die Kolben und ihr Boss war begeistert von dem geschmeidigen Gerüttel.

„Mittach Jungs!", sagte er. „Es gibt Kartoffeln mit Ferkelstarter. Für jeden eine. Dazu etwas Salz, ein wenig Schmalz und ab in Hals." Sie luden das mehlige Bodybuilder-Ergänzungsfutter von der Ladefläche und begannen mit dem Verzehr. Rockos Aminosäuren jauchzten vor Freude.

„Nu klemmt euch ma das Scheißefass ans Zugmaul und plattert das übern Acker wech", sagte der Chef nach dem Essen. Die beiden Deppen zogen los. Hand in Hand wurde angekoppelt und losgeplattert. Fridjof saß auf Rockos Schoß und durfte auch mal lenken. Er zog das Gespann direkt in den Morast und der Ackerschlepper blieb stecken. Die beiden hatten in der Hektik vergessen, die Zwillingsbereifung zu verdoppeln.

„Erst mal Cheffe anrufen", sagte Fridjof, zückte den Ackerschnacker und klingelte durch. Der Boss kam einige Minuten später auffer Simma angerauscht und schiss die beiden mächtig zusammen: „HABT IHR BLECH GERAUCHT? Ihr könnt doch nicht einfach nich die Reifen aufdübeln! ... Aber keine Sorge, ich hab ´ne Idee, wie wir den Hobel da rauswuppen."

Er schob seine Simma unter den rechten und Fridjof unter den linken Vorderreifen. „Zieh durch Rocko!", rief der Boss und Rocko fuhr erst mit den Vorder- und dann mit den Hinterreifen + Güllefass über seinen Geliebten und das Moped.

„Isse geil", schallte es aus dem Fahrerhaus. Rocko güllte zu Ende und Fridjof eierte mit der verbogenen Simma nach Hause.

ERZHALUNKE CHERNO BILL

Der Deformierte mit dem Streifenflugzeug

Der Chemtrail-Initiator flog mit seiner selbstgebauten Linien-maschine gerade die letzte Schleife über das neue Reservat, als seine Gifttanks zu blubbern begannen.

„Fuck."

Er verließ das Cockpit, um den Schlauch etwas nachzustecken. Während die Maschine langsam führerlos in den Sturzflug überging, saugte er mit seiner spröden Lunge die Jauche etwas an, schluckte etwa die Hälfte davon runter, spuckte die andere Hälfte in den Fußraum und machte sich glücklich schmatzend daran, die Maschine kurz vor dem Aufprall hochzureißen.

Er flog seine hochgiftige Bariumtour heute wieder mal alleine,

03

da sein Copilot und Halbonkel mütterlicherseits, Wolfram, mit einer schweren Kobaltvergiftung krankgemeldet war. Wahrscheinlich für immer.

Nachdem die Tonnen leer gepumpt und Cherno etwas schwummerig im Kopf war, setzte er zum Landeanflug an, parkte seine CK-One (Chemtrails + Kerosin) unter einem Tarnnetz aus Sand, warf sich den Rucksack über und machte sich auf den Weg ins Studio. In 20 Minuten musste er wieder live auf Sendung gehen. Mit dem QVC-Deal machte er eine flotte Mark nebenher und vertrieb seine aus Kupferrohr und Epoxidharz geklebten Chembuster zum Kombi-Spottpreis von 499,90 €. Bei Kreditkartenzahlung gab es noch ´nen Fairtrade-Aluhut on top, für (D)umme. Das Business befeuerte sich sprichwörtlich von selbst. Tagsüber sprühen, nachts kassieren. Ein todsicheres Geschäft.

Er musste diesen Zweitjob machen, da die Regierung ihn für die Sprüherei nach Tarif bezahlte. Nach einigen „kunstvollen Manövern", wie er sie nannte, hatten die dreckigen Anzugträger ihm einen Fahrtenschreiber in die CK-One geklemmt. Nun konnte er nicht mehr wie früher die Ware gesammelt an einem Ort ins Gelände schmieren, sondern musste vorgeschriebene

Routen fliegen. Sprit wurde natürlich nicht vergütet und die Subventionen waren knapp. Da kam dem gewitzten Chemtrailpiloten die Idee mit den Chembustern. Wareneinsatz: 2,50 €, Gewinnspanne: enorm.

Die Dinger fertigte normalerweise Wolfram im gemeinsamen Hobbykeller, im Chemtrailer-Park, aber der konnte ja nun nicht mehr. So rückte Cherno Bills Lieferengpass immer näher und er sah sich gezwungen eine Stellenausschreibung auf seiner Internetseite „www.bayer.com" zu veröffentlichen. Dort bloggte er schon seit Jahren und erzählte seine ganz eigene Geschichte.

Unter dem Motto: "Science for my better Life" ging das Ding viral. Das veränderte seine Sendung ein wenig. Die angebundene Twitterwall offenbarte direkt nach seiner Standardeinleitung *„Huldigt mir ihr Narren"* einen ausgewachsenen Shitstorm. Bis dato sah ihn die eingeschworene Verschwörungstheoretikergemeinde als ihren Anführer und wusste nun von seiner Fliegerkarriere.

Spurensicherung21 schrieb z.B: „Mir brummt der Aluhut, du Buschpilot."

Auf Chemie-Wolke7 feuerte ihm entgegen: „Da bleibt mir die Luft weg!!111elf"

Skandal-Öse witterte: „Eine Verschwörung!"

Chemgirl13: „Lasst euch nicht für dumm verkaufen. Der Huso will nur Umsatz machen."

Das war zu viel. Cherno hatte mit seinem Online-Fauxpas massiv ins Chemie-Klo gegriffen. Er verlor den lukrativen QVC-Deal und ihm wurde seine CK-One unterm Arsch weggepfändet. Die Regierung bestritt jegliche Beteiligung und drohte mit Rücktritt.

Cherno brauchte dringend ein neues Geschäftsmodell. Er fing an zu saufen und schrieb unter dem Pseudonym „Axel Stoll" sehr erfolgreich Esoterikbücher, bis er am 28. Juli 2014 endlich durch einen Implusionsstrudel nach Aderabaran heimkehrte.

Alles schon da gewesen.

Dich meine ich, Peter, nicht einschlafen!

DIE SUPER GROSSE SURVIVAL-SHOW

Bernd grills

Der Augsburger Wurstzipfelknipper machte sich zum größten Abenteuer seines Lebens auf.

Sieben Jahre war er schon im väterlichen Betrieb und verschloss dort Wurstketten. Nebenher schweißte er an seinem Custom Chopper, der nun endlich fertig und klar für seinen großen Trip war. So verstaute er 30 Pakete Thüringer in den Satteltaschen seines Wurstrads, um den Jakobsweg runterzuzuckeln und den Pilgern ordentlich Schredderschwein im Saitling in die Karkasse zu hauen.

Das Konzept war einfach: Viel Wurst verkaufen. Reich wollte er sein und dicke Waden wollte er haben. Frauen stehen auf

04

dicke Waden. Vor allem Karin, der Bulettenpanzer von der Lidl-Fleischtheke. Sie liebten sich seit dem er sie das erste Mal an der Scheibe lecken sah. Sie war lieb und Mett und er würd sie gern mal zwiebeln. Karin aber wollte mehr.

Das war der letzte Schubser den Bernd gebraucht hatte. Er sagte mit Tränen in den Augen: „Karin mein Butterberserker, ich geh jetzt Wurst fahren und komme mit Waden wieder, die du nicht mal retuschieren kannst." Sie schnäuzte verträumt in ihr Kotelett und winkte ihm zum Abschied traurig hinterher.

Bernd war auch traurig und er vermisste Karin schon, obwohl sie noch sehr, sehr lange zu sehen war. Nach drei Tagen mit durchgehendem Geflenne, sah sein Gesicht aus wie der Mastdarm eines 15-Jährigen Ebers. Da passierte es. Seine Tränensäcke verhedderten sich in den Speichen seines Wurst-Choppers und das 300-Kilo-Moped flog ihm in Einzelteilen um die Ohren. Alles im Eimer. Monatelanges Schrauben für'n Arsch. War sowieso eine selten dämliche Idee ein handelsübliches Motorrad auf Pedalantrieb umzurüsten und die 300 Kilo Gusseisen mit 'ner beschissenen Übersetzung, über 'ne staubige Christenpiste strampeln zu wollen. Er ließ den Eimer liegen, sammelte die Würste aus der umliegenden Pampa ein, band sich eine Art Munitionsgürtel daraus und tat den ersten Schritt in die wohlgenährte Zukunft für sich und seine Karin an.

Das war natürlich kein besonders geiler Start, aber auf der Strecke gab es Filet-Kunden, die es jetzt zu mästen galt. Er wanderte und wanderte, aber weit und breit keine Kunden zu sehen. Was war das für ein Dreck, wo waren die alle? Da hörte er ein „Frohe Ostern, Gefährte" hinter sich, drehte sich um und sah hunderte potenzielle Kunden, die ihm anscheinend schon seit Stunden folgten.

Er war, wie es schien, beinahe einen Tag vorweg gegangen ohne es zu merken. Egal, ärgern brachte jetzt nichts, die Wurst musste raus. Das Geschäft seines Lebens stand zu Hunderten, in Sandaletten, direkt vor seiner Nase.

Er schaltete blitzartig auf Verkaufsmodus um und schrie aus voller Kehle in das nicht ganz 25 Zentimer entfernte Gesicht des ersten Neukunden aus der schlurfenden Truppe:
„HEIßE WÜRSTCHEN, HEIßE WÜRSTCHEN!"
Dieser streckte ihm schlagartig die Hand zum Gruße entgegen

und sagte: „Angenehm, ich heiße Chris…" – *UMPF.*
Da wurde ihm schon die erste Thüringer aus Bernds Wurst-
magazin in den Rachen geballert. *ZACK,* die Mundregion des
Wanderkumpanen wurde ebenfalls von Bernd mit totem Schwein
tapeziert. *BAM BAM BAM.* Drei weitere Wandergesellen waren
versorgt. Bernd feuerte die Darmgeschosse wie Rambo um sich.
Sein Motto: Erst tapezieren, dann kassieren.

Nachdem den ganzen Verwirrten im Selbstfindungsprozess
langsam dämmerte, dass es sich bei Bernd um einen irren Idioten
handeln könnte, begannen sie eingeschüchtert zu kauen. Es kam
ihnen beinahe wieder hoch.

Die Würste waren nicht nur zwei Tage drüber, sondern Bernd
hatte in der Hektik auch noch vergessen, die Dinger zu grillen.
Leicht sabschig und in der Mitte flüssig wie Nimm2 Soft, nur
aus Aromaschwein.

Die Abartigkeit der Modderwurst sprach sich direkt in der
Truppe rum: „Die ist so beschissen, das musste probiert haben."
Bernds Plan ging auf. Die Christen kauften ihm den Gürtel
leer. Die Gegend gefiel ihm. Er überredete einen seiner
Stammkunden bei ihm anzuheuern. Der groß gewachsene Asiate,

Lehrling Lang, wurde zu seinem Azubi. Lang arbeitete gerne und viel. In seiner Heimat hatte er drei Acht-Stunden-Jobs um sich das Wohnen und die Miete zu sparen. Das kam Bernd gerade recht. Sie vereinbarten ein Gehalt von 60 Minuten die Stunde und einen Jahresurlaub von 15 Minuten. Zigarettenpausen nicht inbegriffen.

Von Lang kam auch der Vorschlag, Wurst inner Oblate zu verticken. Das schlug ein, wie ein Nagel in die Handfläche.

Jetzt musste nur noch der passende Name für ihre gemeinsame Goldgrube her. Die beiden Jungunternehmer einigten sich auf *„So dumm und Gomorra - Die kleine Sünde im Kunstdarm."* Perfekt.

Bernd fehlte aber immer noch eins zu seinem Glück. Sein Frittenluder Karin. Da nun das nötige Geld für Karins ersten Urlaub bereitstand, wurde sie nobel vom THW in eine gecharterte Transall gehievt und zu ihrem Prinzen geflogen. Er wartete sehnsüchtig mit einem Strauß Würstchen auf der Landebahn und wollte ihr direkt nach ihrer Niederkunft den Zwiebelring anstecken. Er hatte sie ja jetzt lange genug schmoren lassen. Doch Karin kam nie dort an...

Wie die Blackbox nachher bewies, hatte die holde Mayonnaisen-Maid auf der Suche nach einem Viertelpfund Gehacktem versehentlich die Kühlschranktür mit der Ladeluke verwechselt und war auf der Grenze zur Schweiz aus dem Flieger gefallen. Kurz vor dem Aufprall dachte sie noch: „Ich glaub, es hackt".

So entstand der Bodensee.

Nach einer kurzen Trauerphase machte Lehrling Lang seinem Chef zur Aufmunterung einen Antrag. Bernd nahm an.

Wenn sie nicht gestorben sind, dann grillen sie noch Häute.

BEN ZOLL, DER ÖLSCHMUGGLER

Krumme Typen und zwei Liter im Handschuhfach

„Was haste geladen?", fragt mich der Zollbeamte mit gehobener Waffe und zielt durch die offene Scheibe der Fahrertür meines Unimogs.

„Ne Wagenladung Scheren für die Krebshilfe, und zwei Paletten Haare für die Rehaarklinik in Castrop-Rauxel", entgegne ich trocken, weil ich lange nichts getrunken habe.

Der Beamte mustert mich und mein Karohemd skeptisch. „Willst du mich verarschen?", fragt er als es ihm dämmert, dass das überhaupt keinen Sinn ergibt. „Klappe auf!", ruft er.

05

Ich entgegne „Bessere Idee: Klappe zu und Schranke auf! Mir will los!"

Verdutzt senkt der Beamte seinen Schießkolben, lässt aber nicht locker und ballert mir den linken Vorderreifen weg. „Ey, bist du nicht ganz schussecht? Du kannst doch hier nicht einfach abknallern!", feuer ich ihm aus dem halb offenen Unimogfenster entgegen.

Er sagt: „Na gut, hab wohl überreagiert, is mein erster Tag. Eben Reifen wechseln und wir vergessen den Vorfall?"

„Nee, lass ma! Ich lehn mich einfach ´n bisschen nach rechts und dann geht das schon, und nu mach die Schranke auf, Kollege", rufe ich ihm zu.

„Tut mir leid, entweder wir machen das hier flott wieder fit, oder ich muss den Vorfall melden", sagt er diszipliniert und ergänzt: „Steig doch einfach eben aus und pack mit an".

Widerwillig schwimme ich zur Beifahrertür, in der Hoffnung, dass beim Öffnen nicht allzu viel Schmuggelgut verschütt geht, öffne die Luke und knapp 7000 Liter Altöl laufen aus der Fahrerkabine direkt ins angrenzende Naturschutzgebiet. Super-GAU!

Jetzt gehts nur darum cool zu bleiben, damit der Pfeife mein Schmuggler-Malheur nicht auffällt. Zur Tarnung steck ich mir lässig ´ne Kippe an und schlendere zu ihm rüber. Er bemerkt wie cool ich bin, und dass meine Hand brennt.

Ich tue es als Showeffekt ab, sage „Tadaa" und puste mich mit einem lockeren Seufzer aus. Bisher hat er nicht mitbekommen, dass ich bis zum Bauchnabel komplett in Öl getränkt bin. Saß ja schließlich knappe vier Stunden in der Jauche. Den Trick, das Öl einfach direkt in die Fahrerkabine zu pumpen und sich rein-zusetzen, habe ich von meinem Vater gelernt. Der ist da immer gut mit gefahren. Der schmuggelte allerdings auch Bälle. Sein größter Coup war, der Schmuggel des Wiener Opernballs.

Um ihn von den restlichen zwei Litern Altöl im Handschuhfach abzulenken, zünde ich meine Hand wieder an und wechsel in Zirkusmanier mit ihm den Reifen. Wir kommen ins Gespräch. Der Zollbeamte beginnt: „Coole Nummer mit der Hand, ich war ja früher auch mal Handwerker und habe als Zollstock in einer Tischlerei gearbeitet. Mein gesamter Körper ist zu 100% genormt. Gesamthöhe: zwei Meter. Armlänge: ein Meter, Finger: zehn Zentimeter, und zwar alle Finger!" Ich glaube dem unförmigen Staatsbeamten, der links einen riesen Buffalo-Plateauschuh und rechts eine abgekaute Sandalette trägt, kein Wort, nicke aber mit runtergezogenen Mundwinkeln beeindruckt.

Als das Rad endlich gewechselt und die Brandblasen an meiner Hand nicht mehr auszuhalten sind, bedanke ich mich höflich für den kaputten Reifen und wir tauschen Nummern aus. Ich fahre ins nächste Bordell, bestelle n` Bier, trink den ersten Schluck und da kommst du an meinen Tisch und ich erzähl dir diese Geschichte. So! Das war mein Tag, und deiner?

TUBA UND SEIN KUMPEL HÖHLENMENSCH NR. 3

Wissenschaft bringt Licht ins Dunkel

Tubas Affenweib wollte ihre Höhle verlassen, verfing sich beim Hinausschlurfen jedoch mit ihren Zehennägeln in der Fußmatte aus Mammut und purzelte einen verflixt böschigen Abhang hinunter. Sie blieb frech grinsend und regungslos in Ufernähe des Flusses liegen.

Das Gerumpel trieb Tubas neugierigen Kumpel Höhlenmensch Nr. 3 aus der muggeligen Höhle. Er legte seinen Stein, den er mithilfe eines Steins in Stein hämmerte, um etwas zu notieren,

06

beiseite und schlurfte ebenfalls · Richtung Höhlenausgang, verfing sich mit seinen Zehennägeln in der Fußmatte und kam regungslos neben dem Affenweibchen zum Stehen. Seitdem seine Frau aus der Höhle gefallen war, beobachtete Tuba das wilde Treiben, hatte für die Rettung der zwei wichtigsten Menschen seines eintönigen Lebens jetzt aber keine Zeit. Er sattelte sein Mastodon und ritt zur Arbeit.

Tuba forschte an einem der zahlreichen wissenschaftlichen Instituten der Steinzeit, das es sich zur Aufgabe gemacht hatte, durch die gezielte Kombination aus anatolischem Halbesel-exkrement, Brotresten, Dreck und Beeren einen entflammbaren Klumpen zu erzeugen, um ein niegelnagelneues Zeitalter einzuläuten.

Während er stets auf der Jagd nach vielversprechenden Ergebnissen war, sammelten seine ganzen Kollegen Ergebnisse. Jeder wurschtelte sich hier so durch den kalten, düsteren Alltag. Nur eben Tubas Kumpel, Höhlenmensch Nr. 3, nicht.

Der war Künstler, hielt sich für etwas Besseres und spielte den ganzen Tag mit einem Moschusochsen-Achselroller an seinen Drüsen rum. „Er arbeitet an etwas Größerem", sagte er immer. Dabei drückte Höhlenmensch Nr. 3 seine farbenfrohen Jauchefinger einfach nur mit Schwung gegen die Wände ihres Wohnzimmers. Wenn Tubas Affenweibchen sich über Geruch und Formgebung seiner Kunst beschwerte, entgegnete der Höhlenmensch Nr. 3 nur schnippisch: „Kunst ist für die Ewigkeit. Sie muss verstören, sie muss bewegen. Sie muss das Tiefdunkle und das feurig Helle binden und für den Beobachter greifbar machen."

„Mensch Nr. 3, das ist deine stinkende Kackflosse direkt über unserer Molch-Couch. Wisch weg und gut", sagte sie. Höhlenmensch Nr. 3 zog seine Stulpen aus Otter dann immer beleidigt zurück Richtung Armbeuge und ging in seinen Korridor der Höhle, um seine Werke heimlich zu vollenden und dabei ausgiebige Zahnpflege mit seiner elitären Säbelzahnbürste zu betreiben. Er murmelte gerne: „In spätestens 2,6 Millionen Jahren werde ich tot und berühmt sein." „SPÄTESTENS!", wiederholte er zahnpastaspritzend und rollte den Stein vor sein Schlafloch.

Dunkelheit.

Tubas Feierabend sah düster aus. Er tastete nach seinem Reittier, mit dem schien aber wieder einmal einer seiner Kollegen abgedampft zu sein. So machte er sich per pedes auf den Heimweg. Kackfinster war das. Licht gab es ja dank seiner Unfähigkeit noch nicht.

Glücklicherweise hatte er für solche Fälle eine 500 Meter Plan-B-Anakonda durch das Dickicht der Nacht gespannt und grabbelte sich an dessen Pelle Richtung Heimathöhle. Abgenervt kam er einige Stunden später ohne Hornhaut aber mit seinem vielversprechenden Flammenklumpen am Fuße seiner Höhle an. Er brüllte: „Jetzt ist hier Steinzeit!", rieb den Klumpen an seinen wunden Füßen und siehe da: ein Flammenmeer entzündete sich aus der Dreck-Allianz an der er sein halbes Leben (seit drei Jahren) gearbeitet hatte.

Kurz bevor er sagen konnte „Endlich funktioniert mal was!", schwächelte die Flamme. In einem Wutanfall schmiss Tuba den glühenden Feuerbatzen von sich. Wild fluchend machte er sich auf zum Höhleneingang, um seinen Frust in vergorenem Kumquat-Sud zu ertränken.

Da flackerte sein Schatten am Höhleneingang. Schatten? Wie konnte das sein? Er drehte sich ruckartig um, stolperte über seine Frau, die ebenfalls interessiert den Kopf hob.

„FEUER! FEUER!", rief er.

„Ich habe es geschafft. Alles brennt."

Die Flammen verschlangen rasant alles an Leben um die beiden haarigen Steinzeitmenschen und das haarige Affenweibchen. Tuba grunzte vor Freude im Kreis.

Während sein Weibchen ins Höhlenloch galoppierte, um Marshmallows zu holen, schnappte Tubas Kumpel sich eine Hand voll Asche und fingerte ein Stilleben dieser glorreichen Errungenschaft an ihre gemeinschaftliche Hauswand.

So hat die Menschheit gelernt das Feuer zu unkontrollieren. Diese Geschichte und ihre historische Relevanz sind allerdings nicht in Stein gemeißelt.

INSULINA

Die zuckerkranke Kannibalin – sauer macht lustig, süß bringt dich um

Die Wellen-Gang, bestehend aus viereinhalb einsamen Fleischvernichtern auf der Insel „Kani-West", hatte es sich zur Aufgabe gemacht das sogenannte „Treibfleisch" zu verwalten und unter allen Bewohnern gerecht aufzuteilen.

Viereinhalb, weil der Vorsitzende der hippieartigen Kommune „Kannibale und Liebe" sich zur Hälfte von Insulina hatte anfressen lassen. Er war eigentlich nicht ihr Fall, sie stand besonders auf bollerige Banker, Bonzen, Bratwurstbudenbesitzer, Bäcker, Buchhändler und Biobauern. Eben alles was mit B beginnt. Aber da hatte jeder andere Vorlieben. John McFarlane z.B. beschränkte sich auf alles mit Y. Im Grunde fielen da nur Yankees drunter. John war also n` ziemlich schmächtiger Typ.

07

Ist ja aber auch wurst, in der Geschichte geht es schließlich um die zuckerkranke Insulina und ihr Leiden.

Bisher war es ein einfaches Leben gewesen. Man aß, was sprechen konnte, verdaute ein wenig und begann das Spiel von vorne. Es trieben ja weiß Gott genug Kinder in der Inselbrandung. Da konnte man, wie beim Apfelfischen, einfach mit offenem Mund durchs Meer stapfen und beißen. Kinder waren Insulina seit der Diagnose Diabetes Typ 1 allerdings einfach zu süß. Sie musste einen Weg finden ihren Blutzuckerspiegel auf 0 zu ziehen, sonst würde sie das „Abenteuer" Zuckerkrankheit nicht überleben.

Sie versuchte es zuerst mit Stofftrennung: Meerwasserdestillation und das Isolieren des Salzgehaltes. Davon schmierte sie sich ein paar Gramm in den Schritt und injizierte den Rest mit hohlen Bambusröhrchen direkt in die Vene, aß ein Kind, fühlte sich aber schlecht.

Sie versuchte es mit Desensibilisierung und fraß einen „Zucker". Der Epileptiker schmeckte zwar etwas fad und hätte auf dem Weg in den Magen sicher jedes Breakdance-Battle gewonnen, aber sie hoffte dennoch auf Linderung ihrer Beschwerden.

So ´ne Aktion muss man erst mal verdauen. Ihr Motto war ja eh: „Erst kauen, dann verdauen und danach auf die Kacke hauen." Aber auch nach dem Experiment fühlte sie sich unbehaglich.

Schlussfolgerung: Wenn man den Blutzuckerspiegel nicht senken kann, muss man den Salz- und somit den Meeresspiegel eben anheben. Nachdem der Plan, einen Damm entlang des Äquators zu bauen, an diplomatischen Verhandlungen mit Nick Aragua gescheitert war, tauchte Insulina ab. Sie suchte unter Wasser die Quappe „Kaul Mc Cartney", eine Süßwasserquappe, die als Profi auf dem Gebiet der Pflanzenheilkunde bekannt war.

Insulina machte sich also auf den Weg, der Sache ein für allemal auf den Grund zu gehen.

Da unten war die Hölle los. Liquido spielte heute ein Konzert mit der Bloodhound Gang als Vorgruppe, die gerade ihren Hit „Atlan-Tiss" trällerten. Die blutende Gang zog wie immer viele

Zuschauer an. Insulina paddelte durch die Scharen an Weiß-
und Tigerhai-Fans und ließ so Zug für Zug das Rockkonzert
hinter sich verstummen.

Was dann geschah, wissen wir alle.

MAJOR RAHN, DER GEWÜRZE GENERAL

Er kümmelt sich drum

Nachdem Major Rahn in den Kämpfen um die Gewürzfelder, am Hang des Milli van Chilli-Berges, seinen Blinddarm verloren hatte, und sich nach vergeblicher Suche schwor, niemals wieder einen Blinddarm zu verlieren, entschied er sich umzuschulen und dem Schlachtfeld den Rücken zu kehren.

Er besetzte die erste Reihe in einem Kurs an der Volkshochschule und wurde dort zum Gewürzkrämer ausgebildet. Der Gewürzunterricht war etwas trocken, aber wenigstens nicht fad. Major Rahn erkannte sofort seine feurige Liebe zu Chilli, Nelkenpfeffer, Zimt, Anis, Kreuzkümmel, Beifuss, Tonkabohne, Liebstöckel, Fenchel, Rosmarin, Curry,

08

Dillspitzen und natürlich fertigen Fisch-, Fleisch und Brot-gewürzmischungen.

Sein neuer Traum war nun ein eigener Gourmet-Gewürz-Laden. Zur Miete wollte der General das Ding allerdings nicht irgendwo aufziehen und da seine Mutter ihm den Verkauf aus dem Kellerfenster veboten hatte, blieb nur eBay. Wo dieses eBay liegt, hatte er gegoogelt, nachdem er bei Yahoo nach Suchmaschinen gesucht hatte. Fehlte also nur noch das Kraut.

Er fuhr los, um seinen Kumpel, den Kaleu Ariel, von der Rosmarine, in Marokko zu besuchen. Der lag da grad im Hafen und hatte ihm eine große Palette unverzollter Adamsäpfel und Tollkirschen versprochen.

So stieg der Major in seinen italienischen, auf Frittenfett umgerüsteten Sportwagen, einen *Maserati Minestrone S*, und düste los. Der rote Flitzer mit 6-Gang-Pastinaken-Schaltung und Rührhaken war sein ganzer Stolz, auch wenn der Stauraum in der Bude ein bisschen kurz kam. Es war dem Major gerade mal möglich ´ne Handvoll Salbei ins Handschuhfach zu pfeffern und eine Kiste Schalotten auf dem Beifahrersitz festzugurken.

Egal. Darum kümmelte er sich wann anders.
3135 Kilometer später kamen er und seine Gewürzmühle total verschwitzt und übermüdet im marokkanischen Hafen an. Das war mal wieder eine gesalzene Fahrt.

Der Kahn war natürlich schon lange weg. Der Major hatte aufgrund der unfreiwilligen und freiwilligen Pausen insgesamt fast zwei Wochen für die verdammte Fahrt nach Marokko gebraucht. Alles weg. Alles umsonst… Nee stop, eine Sache war da doch. Eine verlassene Palette ganz links an der Laderampe. Die musste Ariel ihm da stehengelassen haben.

Er raufte sich die Sackhaare. Wie sollte er ohne Ariels Kran die schwere Kacke auf seinen Maserati laden?

Hätte die HMS-Soljanka + Besatzung nicht einfach noch 13 Tage warten können, um die kleine Kiste eben mit ihm zu verladen? Da reißt einem doch der Chilli-Faden. Nicht mal eine Nachricht hatte der polnische Kaleu hinterlassen. Oder was war das?

Da saß eine Taube hinter der Palette. Hatte sie vielleicht eine Nachricht am Bein? Er krempelte der Taube die Hose ein Stück hoch und potzblitz, sie sprach. Etwas undeutlich, aber doch zu verstehen, sprach sie:

„Ariel lässt grüßen. Hier die Adamsäpfel und Tollkirschen.“

„Und?", sagte der Major, „Wie krieg ich das Zeug nun auf mein Gespann?"

Die Taube zuckte mit den Schultern und wiederholte:
„Ariel lässt grüßen. Hier die Adamsäpfel und Tollkirschen.“

Der Major bemerkte nun endlich, dass die Dame ihn nicht hören konnte und zeigte ihr den Mittelfinger. Sie verstand, bedankte sich und flog davon.

Da stand der Gewürze-General nun mit einer Palette voll ungenießbarer Lebensmittel (standen ja fast zwei Wochen in der prallen Sonne) alleine mit halbvollem Fetttank an einem marokkanischen Hafen und wusste nicht, wie er die ganze Scheiße wuppen sollte.

Er steckte sich aus Frust zwei große Fäuste angegorene Tollkirschen ins Fressbrett und machte sich ohne Palette auf den Heimweg.

Kurz bevor er die spanische Grenze überquerte, forderte die unbedachte Nascherei ihren Tribut und er verlor das Bewusstsein. Major Rahn kam mit Vollbart, völlig verwahrlost, irgendwo in der Normandie, wieder zu sich. Er konnte sich an die letzten zwei Monate Party im Tollkirschen-Rausch nicht erinnern. Um ihn herum nichts. Vom roten Minestrone war nur noch der Rühr-haken und der Griff des Handschuhfachs übrig.

Genau so ´ne Scheiße, wie neulich mit den Datteln.
Er nuschelte sich in den Bart: "Selle rie, wie der Franzose sagt", und stiefelte gen Heimat.

SPEEDO MARIANELLY GONZALES

Der Spinner im Einmachglas oder wie die Badehose zu ihrem Namen kam

Speedo Marianelly Gonzales ist der schnellste Wendekrauler im Wechselschlag aus Mexiko.

Die Disziplin verzauberte die Massen schon in den frühen 60ern und zeichnet sich durch eine komprimierte Badefläche aus, die aus einer sechs Kubikmeter großen Plexiglas-Box besteht, in der sich die Kontrahenten wie wild unter Wasser drehen, bis einer auftauchen muss. Speedo war das rotierende Aushängeschild dieser grazilen Sportart. Er rotierte wie ein Wiesel im Radkasten und brachte Mexiko so endlich fast aufs Treppchen bei Olympia.

09

Nachdem Dynamo Gonzales, wie seine Fans ihn später nennen sollten, jahrelang unglücklich als Heckantrieb in einer Spedition tätig war, wurde er 1966 von einem Zollbeamten ohne gültige Papiere entdeckt. Das war sein großer Durchbruch. Erst durch die Grenzen und dann direkt in die Herzen der Fans des verdröselnden Wassersports.

Endlich konnte Speedo aus einer seiner Behinderungen Kapital schlagen. Seine 49 cm lange Nase verlief glücklicherweise von seiner Stirn, über den gesamten Hinterkopf, angenehm dynamisch direkt in seine Nackenfalte. Ähnlich der Windhelme von Radrennprofis, nur aus Knorpel. „Klar wird man da gehänselt, aber man kann eben auch schnelle Vorwärtsrollen unter Wasser machen", wie er immer zu sagen pflegte.

Bevor Speedo die Vorteile des Ruhms genießen und im Erfolg baden konnte, musste er sich in dem noch recht unbekannten Wassersport durch ordentlich Gegenwind drehen. In den ersten Wettkämpfen warfen zwei minderjährige Zuschauer beispielsweise ein paar Brocken Brot an den Beckenrand, worauf Speedos Trainerin verärgert rief: „Bitte nicht füttern, das ist ein Mensch!"

Und auch das Klopfen an die Aquariumwände wurde von ihr nicht toleriert. Speedo hätte sicher aufgegeben, wenn seine Trainerin ihm nicht für jeden miesen Spruch ein Strasssteinchen an die nach ihm benannten Schwimmschlüpper geklippt hätte. Das piekste zwar ordentlich bei der Drehung, sah aber dafür schön scheiße aus.

Die Zuschauer verglichen ihn mit einer schwingenden Bordelltür, weil er so schön funkelte und auch wenn man nicht mehr mit ihm rechnete, immer wieder noch mal zurück kam. Ein Radiomoderator verglich seinen einzigartigen Stil sogar einst mit einem schillernden Forellenschwarm, der auf offener See von einer Horde Tümmlern gejagt wird.

Doch dann kam dieser eine Tag. Im großen Finale der Rotations-Meisterschaften lag der Favorit Speedo mal wieder eine Nasenlänge vorn. Die goldene Nasenklammer war ihm so gut wie sicher. Sein Kontrahent trieb längst leblos im Wasser, da drehte Speedo noch munter seine Runden. Nachdem er das Ableben seines Gegners durch eine gehässige Geste seiner Trainerin am Beckenrand bemerkte, wollte er wie ein Delphin aus dem Plexiglas-Eimer hechten. Da lösten sich einige Strasssteinchen, die er bei einem unglücklichen Rückwärtsschwung in die Nase bekam. Wie ein Fisch auf dem Trockenen rang er nach Luft. Das war das Ende seiner Karriere.

Und das Ende seines Pulses.

Ende?

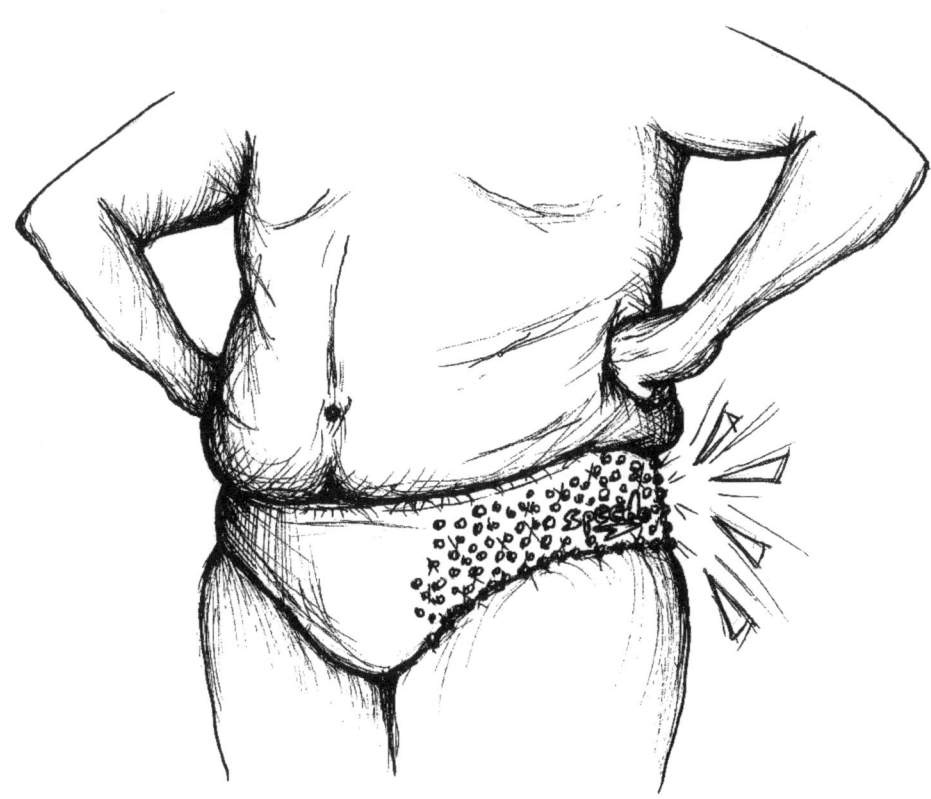

VOLVORIN, DER SCHWEDISCHE TRANSFORMER AUS ENGLAND

Eine Geschichte voller Spannung

Volvorin ist nicht irgendein Auto. Der Volvo X-M.E.N. erbaute sich selbst aus Adamantium, das robuste nordische Material, welches er aus Schwedenstahl. Der 4-Rad-Mutant mit Koteletten in Höhe der Seitenspiegel machte sich auf, den Strommarkt durch kräftige Überspannung des Bogens zu revolutionieren.

Er begann mit einem vergleichsweise kleinen Problem: Sonnenenergie effektiver nutzen als es möglich ist. Dafür brauchte er nur seine drei besten Kumpels: Silizium, Bor und Phosphor.

10

Die Veteranen der Solartechnik hatten sich dummerweise zeitgleich bei der Armee zum Dienst gemeldet.

So stand Volvorin im Hubraum ganz alleine da. Doch was war das? Es gesellte sich eine Idee hinzu, um seine Kameraden zu ersetzen:
Volvorin solle alle Borinseln abfliegen und alles bis auf die Insel mitnehmen. So hatte er ausreichend Bor für seinen Plan.

Das Silizium zu beschaffen war denkbar einfach. Da gab es schließlich eine ganze Insel die voll davon war: Silizien.
Genauer gesagt, übernahm er komplett Palärmo, die lauteste Stadt der Welt. Hier wollte bei dem Krach eh niemand wohnen.

Jetzt fehlte nur noch die letzte Zutat: Das Phosphor. Das war nicht so einfach zu beschaffen, also stellte er sich einfach Phos vor und schon konnte es losgehen.

Seine Energie war kaum zu bändigen. Bei den ersten Erfolgen platzten er und seine Batterien fast vor Spannung. Er brauchte dringed größere Speichermedien.

Er, Volvorin, der schwedische Transformer aus England, nutzte einfach die Weltmeere als Akku. Von beinahe überall zu erreichen und als eine Art Super-Supraleiter der perfekte Ort für ordentlich Saft. Das war genial.

Von Palärmo, dem neuen Wechselstrom-Mekka, ließ er einfach ein dickes Kabel ins Wasser und schon konnte die restliche Welt kostenlos im Strom baden. Er dachte an seinen Kumpel Jimmy McCricket in Australien, dem früher sein E-Boomerang am Strand immer auf halber Strecke zu ihm zurück in der Luft verreckt war. Problem gelöst. Der konnte nun einfach vorsichtig ans Wasser schleichen, mit etwas Sicherheitsabstand und Gummi-Flip-Flops das Ladekabel ins Wasser gleiten lassen und so stundenlang im Rondell pfeffern.

Daran war einfach alles gut. Außer vielleicht, dass jegliches Leben im Wasser unmöglich geworden war.

Die ans Meer angeschlossenen Flüsse, transportierten jetzt zwar die kostenlose Energie bis in die kleinsten Dörfer, aber der Trinkwasserstatus musste von "wenig vorhanden" auf "gar nicht vorhanden" herabgestuft werden.

Bei diesem Anschlussproblemchen konnte nur einer helfen: Er selbst. Volvorin begab sich in seinen Hubraum, um an einer neuen Revolution zu feilen. Entspannt euch.

„Die Geschichte wirkt halbgar."   *„Dürftig."*

BUCHHÄNDLERIN KERSTIN   FYNNS MUTTER

SCHREIBBLOCK - ADÉ

Speckstein, Wombats, Ghettoärsche

Schade, alles weg, dachte Giacomo Pinpette und klapperte mit seinen zahnstocherähnlichen Käsebrot-Grabblern nervös auf dem Schreibtisch.

Er nahm einen Schluck aus dem Aschenbecher und schleuderte seine Kippe in den Kaffee, schob den Stuhl ein Stück zurück und machte sich ein letztes Mal auf die Suche nach seinem Lebenswerk. Seinem nikotingelben Schreibblock.

„Potz 1000, wo ist der Lappen?". Er riss die Schubladen seines Apothekerschrankes auf, aber wieder nur Speckstein-Skulpturen seiner Mutter.

Man wusste nie, ob hinter den aus Speckstein gefertigten, mopsigen Figürchen vielleicht weitere Schätze lagen oder womöglich sogar sein verloren geglaubter Schreibblock.

11

Giacomo wohnte auf dem Dachboden seiner Stiefmutter, die ihm extra rustikale Möbel aus einer Fuhre Abfall hatte anfertigen lassen.

„Jetzt zieh ab, Mama!", rief der Schriftsteller, als sein Stiefmütterchen in die sich gerade zuschiebende Schublade frisch gefertigter Abbilder ihrer selbst aus glibberigem Speck hinein warf. Das tat sie manchmal. Speck zum Schnitzen benutzen.

Er schlug sie nieder.
Sie verstand sofort, worauf er hinaus wollte, zeigte das Peace-Zeichen und machte die Vorhaut...
Sie zog sich zurück.

Mojo, wie ihn keiner seiner Freunde nannte, dachte sich: „Auf die Scheiße erst mal eine ballern", und steckte sich mit seinen winzigen Fingern einen Lungentorpedo in den Hals: „Feuer frei!"

Qualmend machte er sich daran, seine Hosentaschen ein 12tes Mal zu durchwühlen. Er legte den Inhalt, zeremoniell angehaucht, fein säuberlich auf einen wilden Haufen und begutachtete das Ergebnis.

Da lagen: 25 Gramm Tabak, ein halb fertig geschmierter Toast, drei weitere Gramm Tabak, ein Miniatur-Pirelli-Kalender, der Schlüssel zum Keller seiner Nachbarn und eine Specksteinfigur seiner Mutter.

Keine Veränderung. Die Bestandsaufnahme ergab exakt das gleiche Ergebnis, wie die 11 Mal davor.

Letzte Adresse: Sein Nacktnasen-Wombat Udo. Dieser lebte ebenfalls auf dem Dachboden und wurde von seiner Mutter auch mit Specksteinfiguren zugeschissen. Beide litten stark darunter und so ergab sich das gemeinsame Feindbild: Mutter.

Udo war Giacomos Haustier und mittlerweile komplett für die Nahrungsbeschaffung der beiden „Obergeschossler" zuständig.

Giacomo vermutete, dass Udo sein Schreibblock-Meisterwerk heimlich gegen Nüsse getauscht hatte, als er das letzte Mal Nussecken für beide beim Bioladen um die Ecke holte. Er kam mit mehr Nüsschen wieder, als ihr Taschengeld hergab, daher lag das nah – genau wie der Bioladen.

Udo, der sich keiner Schuld bewusst war, keckerte:
„Gnapf Schnapp Bubeldi", darauf schlug Giacomo seinem
Wombat mit geballter Faust auf die nackte Nase. Dieser keckerte:
„Gnapf Schnapp Bubeldi", worauf Giacomo sich entschuldigte.

Zurück ans Werk. Wenn sich der leere Schreibblock nicht wieder
anfinden würde, wäre Giacomos Schriftstellerkarriere beendet,
bevor sie begonnen hatte, oder der scheiß Wombat musste halt
los und 'nen neuen Block besorgen. Entweder ... oder.

Während seine Mutter sich vorsichtig an seine Schubladen heran-
schlich, um 'nen weiteren Becher Schwabbelfigürchen in seinem
Zimmer zu deponieren, fauchte Udo plötzlich auf und richtete
seine Nacktnasen-Wombat-Zeigenase aufgeregt auf Mutters
abartigen Ghettoarsch.

Das hatte rein gar nichts mit der Geschichte zu tun, aber Udo
stand auf fette Ghettoärsche. Giacomo auch. Giacomos Mutter
auch. Alle starrten regungslos auf ihren Hintern, bis Giacomo
seinen Wombat los schickte, einen neuen Block zu besorgen. Er
hatte genug von der Suche und die Situation wurde unangenehm.

Giacomos Mutter räumte ihre Figuren in ´ne Schublade, steckte ihrem Sohn ´ne Kippe an und sagte liebevoll: „Wenn du mich suchst, ich bin ab-specken." Er schlug sie nieder, worauf sie den Dachboden verließ.

Der Wombat stand währenddessen im Schreibwarenladen, vor einem leeren Regal, wo eigentlich die Schreibblöcke liegen sollten. Schade, alle weg, dachte der Wombat, und klapperte mit seiner dicken Nase nervös auf dem Ladenboden.

Klick Klack.

FREIZEIT-WRESTLING IN IRGENDEINER KIELER TURNHALLE

Alle auf die Möhre

Der Autobahnmann, Tobias die Karotte, der Pornodarsteller John Silver und sein Golden Retriever stehen sich im Ring gegenüber. Für diesen Abend war ein spektakuläres Fatal-4-Match geplant. Leider steckte der italienische Starwrestler Eddie Salmonelli mal wieder tief in der Scheiße.

Den drei Kontrahenten stellte sich zuerst einmal die Frage, wer als Unparteiischer den Kampf leiten sollte.

12

John Silver schlug seinen Hund vor.

John Silver: „*Ich schlage meinen Hund vor.*"

Das Team John Silver und sein Hund waren geschlossen dafür. Tobias und der Autobahnmann ergaben sich nach etwas Bedenkzeit der Mehrheit.

Tobias die Karotte rief: „Denkt dran ihr Dödel, Waffen sind verboten!", und versteckte seine ergonomisch geformte, mit Nägeln gespickte Balsaholz-Keule hinter einem seiner wulstigen Stengel. Der Autobahnmann, das aggressive Schwein, versuchte währenddessen bereits den Hund zu pinnen.

Das machte John Silver sehr wütend.

John Silver: „*Das macht mich sehr wütend.*"

Aber da hatte er auch schon die erste Faust vom Autobahnmann in der Fresse. Dieser geriet in Rage und verteilte in seinem Wahn Schläge in jede Himmelsrichtung.

Es schepperte und krachte, wie ein Auffahrunfall im Nebel auf der A2. Seine nicht gezielten Schläge und Tritte überraschten die verdutzten Kontrahenten, die noch gar nicht richtig mitbekommen hatten, dass es bereits losgegangen war.

Bevor der Autobahnmann alles kurz und klein geschlagen hatte, wachte Tobias, die mittlerweile zornige Karotte, im letzten Moment auf und haute dem Retriever mit seiner gespickten Keule einen auf die Hinterläufe.

John Silver, der gerade damit beschäftigt war seine Zähne mit gebrochenen Fingern vom Boden aufzulesen, beobachtete aus dem einen Auge, das noch nicht aussah wie eine Schippe Mist, was gerade mit seinem treuen Begleiter passierte. Ihm entfuhr ein spitzer Schrei.

John Silver: „Ahhhh!!!"

Bei John Silver ging gar nichts mehr.

John Silver: *„Bei mir geht gar nichts mehr."*

Zu seinem Glück, traf sich der Autobahnmann bei der Ausübung seiner neuesten Kampftechnik der „Bottroper Kelle", mehrfach selbst im Gesicht. Das gab dem Pornodarsteller John Silver einen Moment zum Durchatmen, in dem er den Racheakt für seinen Hund minutiös planen konnte.

Tobias war derweilen auf das oberste Seil geklettert und balancierte sein konisch geschnittenes Karottenkostüm gekonnt aus, während er vulgäre Ausrufe in Richtung leere Turnhalle feuerte.

Motiviert von seinem eigenen Wortgulasch, überschätze die Karotte sich und seine Fähigkeiten massiv, indem er zu einem Backflip ansetzte, um dem Retriever den Gar auszumachen.

Was Tobias nicht bedachte war, dass er körperlich nie im Stande wäre eine solche Bewegung durchzuführen. Erschwerend kam die Unwucht seines Karottenkostüms hinzu, die ihm im wichtigsten Drehmoment einen zusätzlichen Turn verlieh. Tobias überdrehte stark und fetze volles Brett mit dem Kinn auf die Ringglocke.

Nun war der Kampf offiziell eröffnet.

Der Retriever jaulte, John Silver hatte mittlerweile ca. 4 Liter Blut verloren, der Autobahnmann hatte mit einer leichten Schädelfraktur zu kämpfen und Tobias die Karotte verlor kurzzeitig das Bewusstsein.

Jetzt werde nochmal richtig aufgedreht, rief John Silver.
John Silver: *„Jetzt wird nochmal richtig aufgedreht!!!"*.

Er sprang auf und rannte zu der vermeintlich hirntoten Karotte. Man kann sagen, der Mann war nur noch ein Gemüse. Er verkeilte sich aber beim ersten Schlag mit seinen verkrampften Stuppen in dem grünen Gestrüpp, welches mittlerweile schlaff neben Tobias´ Kopf herunterbaumelte.

In dem Moment erkannte der Autobahnmann seine Chance den Kampf vorzeitig durch die gezielt eingesetzte „Gelsenkirchener Genickkloppe" zu beenden und beide Gegner mit einer Attacke auszuschalten. Er setzte an, verhedderte sich in der Drehung aber mit einem seiner Kostümreifen in den Seilen und verlor die Kontrolle. Da er vor dem Fall schon zum finalen Schlag ausholte, bekam der Golden Retriever, der unglücklich im Weg lag, nun den vollen Angriff, welcher eigentlich für zwei gedacht war, ab und war weg.

Vom Ringboden verschluckt.

John Silver dämmerte, was da gerade passierte und war stinksauer. Er riss sich los und stürmte wutentbrannt auf den immer noch am Boden liegenden Autobahnmann zu. Nun ging es Schlag auf Schlag.

Die ersten zwölf Treffer saßen, da der Autobahnmann sich nicht mehr wehren konnte. Bei der missglückten „Gelsenkirchener Genickkloppe" hatten sich seine Hände nach dem Sturz förmlich in den Ringboden gebrannt.

Keine Möglichkeit mehr auszuweichen. Dann geschah das Unvorhersehbare. John Silver prallte am Gummihelm vom Autobahnmann ab und knockte sich selbst durch einen Volltreffer ins eigene Kreuz aus.

In diesem Moment ertönte „Soldier" von Destiny´s Child, die Einlaufmelodie von Eddie Salmonelli in den Turnhallenlautsprechern. In der Umkleidekabine ging das Licht an.

Wie sich herausstellte, war Eddie die ganze Zeit da gewesen, beobachtete das Treiben aber aus sicherer Entfernung, um nun im finalen Moment den Gürtel abgreifen zu können. Er schlurfte wie der braune Blitz zum Turnbock, auf dem der Preis lag. Griff sich den Gürtel, rief: „TSCHAU IHR LOSER!"
Und machte das Licht aus.

So musste der Autobahnmann wieder einmal aufgrund seiner eigenen Blödheit zusehen, wie Eddie das Drecksschwein, ihm den Gewinn wegschnappte, obwohl er noch konnte.

Kacke.

MAGIC MIKE

Weniger wär nix

Im Publikum sitzt eine schwarze Dame namens „Shaniqua".
Ein weißer Mann steht auf und ruft angeheizt:
„Rassis muss! Rassis muss!" Deswegen wird er freundlich gebeten
den Saal zu verlassen … Die Show kann beginnen.

Für die große Darbietung hatte Mike extra seinen Zauberstab
vorne weiß eingefärbt und mit etwas Glitter bestäubt. Zum
Glück wurde sein Manager soeben nach der ungewollt rassis-
tischen Bemerkung des Saales verwiesen, sonst hätte er ihm
sicher verboten seinen Glitterriemen aus der Hose hängen und
für die erste Nummer langsam über dem Zylinder kreisen zu
lassen. Aber so startete Mike nun mal am liebsten.
Er ruft: „Seid ihr bereit für etwas Magie?"
Daraufhin verlässt auch Shaniqua das Gebäude.

13

Voll die Kacknummer, denkt sich der letzte Verbliebene in Reihe zwei, aber 2,50 € Eintritt sind 2,50 € Eintritt und applaudiert ein Mal.

Die nächsten drei Minuten passiert nicht viel.

<u>Aus der Sicht des Zuschauers:</u>
Magic Mike ist da irgendwie an seinem Hut zugange, aber so richtig kann ich das auf die Entfernung auch nicht erkennen. „Was zum Henker macht der da?"

<u>Aus der Sicht von Magic Mike:</u>
Was zum Henker mach ich hier? Ich hab mich 'n bisschen verheddert und total vergessen ein Programm zu entwickeln. Hoffentlich geht der Letzte auch gleich. Ich dreh noch 2-3 Runden um den Zylinder und wenn mir dann nichts einfällt, sag ich PENG und stelle mich tot.

...

"PENG". Er liegt auf dem Boden, die Zunge und sein Glied hängen heraus. Shaniqua kommt mit etwas Kotze im Mund zurück, das will sie sich nicht entgehen lassen. Nachdem beide Zuschauer einige Minuten beobachten können, wie Mike angestrengt versucht, nicht zu tief einzuatmen, sich sein Brustkorb aber deutlich hebt und senkt, wissen sie, dass er versucht sie um ihr Eintrittsgeld zu prellen... Sie machen sich auf den Weg zur Bühne. Mike schnappt ein letztes Mal nach Luft, als er mit zugekniffenen Augen das Unheil auf sich zukommen sieht. Das aufgebrachte Auditorium bedient sich an seiner Zauberkiste, Shaniqua greift nach der rostigen Laubsäge und sie sägen ihn vorsichtig an.

Mike ärgert sich, dass er keine Nummer
einstudiert hat und verliert an diesem Abend
drei Zehen.

Gage gab es keine.
Tada.

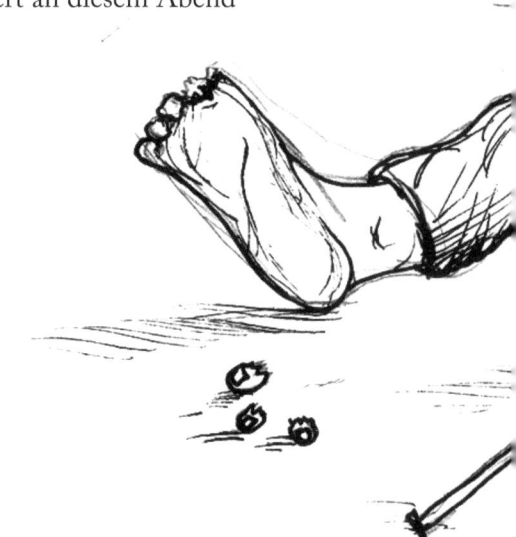

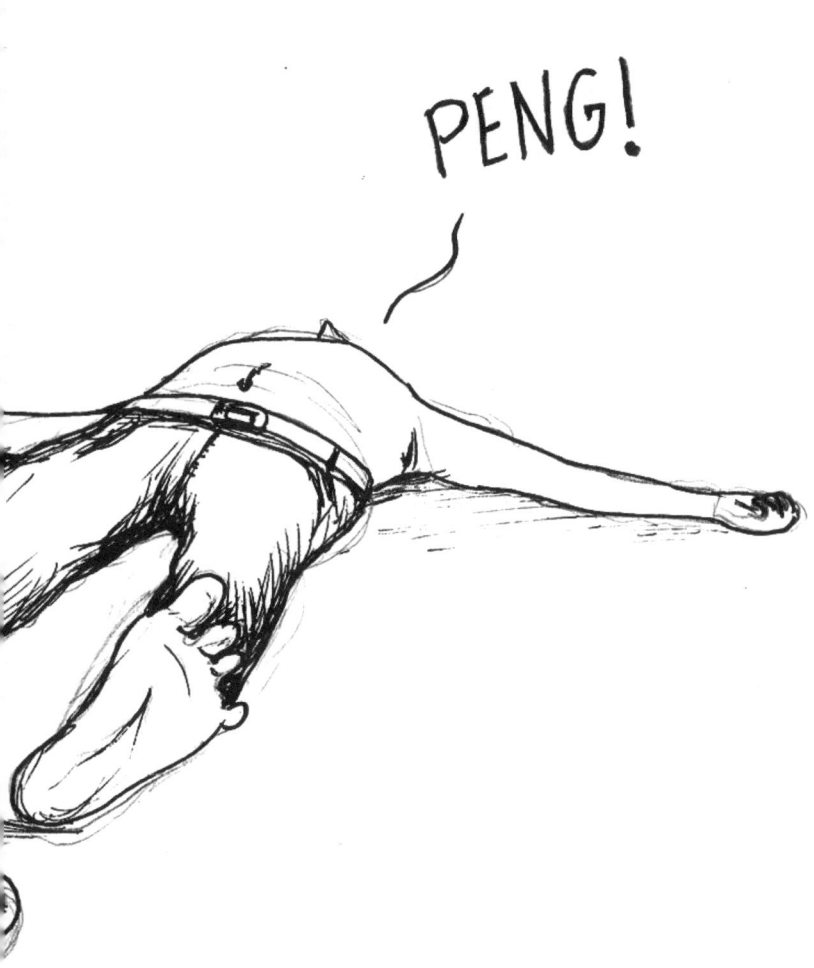

DAS DROGENOPFER FLAMONGO UND SEIN DEALER PELIKANN

Die Tiere vom Bahnhof Zoo

Flaute auf dem Drogenmarkt. Ebbe in allen Bauchtaschen der Konsum-Enten. Keiner kam mehr an Stoff. Der Druffi „Flamongo" flanierte einbeinig durch sein Revier auf der Suche nach ´nem Krümel Hasch, ´nem Fingerhut voll Koks oder wenigstens ´ner handvoll Granu Fink. Die Nacht war die Hölle, er wurde den Turkey einfach nicht los. Der dusselige Truthahn wich ihm keinen Zentimeter von der Seite.

14

Dazu die Phantomschmerzen seiner abben Stelze. Die war ihm nach ´ner wilden Nacht auf´m Kiez abgefault, nachdem ihm ein Bulle ans Bein gepisst hatte. Kann an der Pisse gelegen haben, kann am Meth gelegen haben. Um länger mit dem wenigen Stoff durchzufeiern, hatte er es mit Rattengift und Flying Horse gestreckt. Ging ab… das Bein.

Das waren geile Zeiten, erinnerte sich Flamongo und humpelte Richtung U-Bahntunnel 1. Da begann es mega zu stinken. „Was fault hier?", fragte er sich, obwohl er die Antwort längst kannte. Der Truthahn flüsterte hinter ihm: „Das ist sicher das Faultier, das fault hier. Das hat doch Trüffelis und Streptokokken gehabt."

Da kam ihnen auch schon der Truthahn des Faultiers entgegen und korrespondierte für seinen angefressenen Kumpel.
„Moin Männers", sagte der Truthahn und nahm Flamongo an den Flügel. „Immer der Nase nach Männers", und zog die beiden weiter in den Tunnel Richtung Gestank.

Da lag das angeschimmelte Faultier fies faulend, faul in der Ecke und tat nix.
„Ist das tot?", fragte Flamongo. „Nein, es riecht nur so Männers.",

sagte der Truthahn und piekste dem Faultier mit einer Heroin-spritze ins Auge. Daraufhin begrüßte es die Besucher erfreut und winkte knappe 30 Minuten.

Flamongo wurde ungeduldig und schrie mitten in der Begrüßung: „Rück den Stoff raus, du Pansen! Haste noch was zu kniffeln?" „Sorry Männers, sind auch abgebrannt", sagte der Truthahn für seinen Chef und da kam sein eigener Turkey-Truthahn hinter seinem Rücken zum Vorschein.

Die fünf Opfer versuchten verzweifelt sich gegenseitig anzurauchen, bis das Faultier einen Anfall bekam auf den ein Einfall folgte. Nachdem er sich den Schaum vom Maul gewischt hatte und seine Augen beide halbwegs geradeaus gucken konnten, sagte er: „Ich hab´s. Weißt du, wer immer was besorgen kann?".
Der restlichen Meute dämmerte es langsam und sie antworteten im Chor: „PELIKANN!".

Da Flamongo mit seinen Klauen schlecht tippen und das Faultier sein Handy gegen ein halbes Gramm MDMA getauscht hatte, schlurften die Boys zum nächsten Münzfernsprecher. Da die gesamte Truppe natürlich kein Kleingeld hatte, startete die Truppe einen Raubzug der obersten Güteklasse. Einer oder zwei

der Truthähne schlugen mit ihren Flügeln zeigend vor:
„Da vorne ist ein fettes Schwein, das können wir hart abrippen.
Die Sau ist fällig. Die olle Bache muss bluten!" Voller Übermut
machte sich die Truthahnbrut auf. Sie zückten ihre Butterflys,
zogen die Sturmhauben über ihre Schnäbel und gingen in den
Angriff über.

Das arme Schwein wurde heftig filetiert. Der jüngste Truthahn
jodelte im Eifer des Gefechtes: „Ich mach dich zu Schaschlik,
bevor ich dich in den Arsch fick." Das war selbst der abgebrühten
Truppe eine Nummer zu heftig und sie entschuldigten sich für
den verbalen Ausfall ihres Gang-Mitgliedes, bevor sie sich die
pralle Beef-Tasche schnappten und davon flatterten.

Zurück am Münztelefon wählte die Truppe Pelikanns geheime
0800er-Nummer und wartete auf die Lieferung. Das Faultier
konnte bei dem Austausch leider nicht dabei sein, weil der
Pelikann immer nur high auslieferte und so alle Beteiligten einen
guten Kilometer in die Luft flattern mussten. Das Faultier konnte
nicht flattern, nur flattern lassen. Daher tat es das solange.

Die Truthähne hatten mit Gegenwind und Eigengewicht zu

tun, während Flamongo versuchte möglichst lässig abzusegeln. Da kam der überhebliche Drogi-Spinner auch schon mit seinem Helikopter angerauscht. Das muss man sich mal vorstellen, kommt ´n Pelikan im Heli an.

Die Truthähne fielen aus allen Wolken. Der Austausch war also mal wieder zu ´ner vier Augen Operation geworden. Überheblich wie der Pelikann war, schallerte es aus den Lautsprechern des Helikopters: „Na du Mongo, wieder mal das Opferabo gezogen?". Flamongo wollte an den Stoff und so sagte er: „Was jetzt los, kann ich rein?", und beflügelte sich selbst auf den Rücksitz des Helikopters Marke „Condor".

Dort wurde er wie üblich hart durchgeknattert. Prostitution war für ihn kein Problem, er hatte weder vorne noch hinten bestimmte Öffnungszeiten. Flamongo war beinahe etwas stolz Pelikanns Wingman zu sein und so verabschiedeten sich beide herzlich und er zog mit einem Schnabel voll Crack davon, während der Pelikan zurück gen Süden zu seinem Tarnjob bei der Bahn, als Zugvogel, flog.

Zurück am Boden, wollte er die Ware mit den Kameraden teilen, doch die Truthähne waren anscheinend beim Absturz hart im Boden eingerastet und auf jeden Fall nicht mehr in der Lage eine Crackpfeife zu halten. Er murmelte sich in den Schnabel, „Ach Männers", und beäugte das Faultier, das etwas aus seiner Brusttasche zog. Fünf Minuten später erkannte Flamongo, dass es eine Polizeimarke war. Das Faultier rief: „Keine Verhaftung, hier spricht die Bewegung, Sie sind Polizei!".

„Du bist doch völlig im Arsch", sagte Flamongo zu seinem Kumpel. Dieser riss sich zusammen und antwortete schielend: „Ich bin Undercover, Bitch", und nahm die Verfolgung auf.

GULLIS ABRISSUNTER-NEHMEN

Kann Gulli was reißen?

Svennson Schröder, zu seiner Zeit Kassenwart des Schützenvereins Poppenbüddel, war fast 70 und suchte einen netten Ort zum Sterben. Da sein Heimatort ihn partout nicht wollte, schrieb er, mit allem politischen Einfluss, der einem Kassenwart seines Kalibers zusteht, eine Aktion aus, auf die sich neben anderen verlodderten Gemeinden auch Quickborn im Kreis Pinneberg bewarb und sofort den Zuschlag erhielt. Unter dem Motto: „In unserem Dorf soll Schröder sterben" wurde die Gemeinde nun runderneuert.

Der Svennson wünschte sich einen friedlichen Ruhestand im Quickborner Mausoleum. Er bestach also den Gemeinderat, ein

15

paar unnütze Buden zusammenzuschieben, um die Nachbarn loszuwerden. Da der mies bezahlte Dullyjob in der Samtgemeinde bleiben sollte und niemand mit dem Anflug von Grips etwas Derartiges annehmen würde, kam nur einer in Frage: Gulli – der erfolgloseste Abrissunternehmer der Welt.

Dieser saß am Vergabetag mit dem Landrat-Ausschuss im Rathaus und überlegte gerade, ob er noch mal Profi-Lacktisch kacken gehen sollte, bevor am Nachmittag im Bagger ein Schleusen-Amageddon bevorstand. Aber da wurde er schon auf die kleine Bühne vor die zwölf anwesenden Dorfältesten gebeten. Außer heißer Luft kam von ihm nicht viel, sodass Muskel-Gulli schnell wieder Platz nehmen durfte. Die Meute hatte anschließend, in seiner geistigen Abwesenheit, ohne Enthaltung für ihn gestimmt.

Gulli schaufelte sich durch Annahme des Auftrages zwar finanziell sein eigenes Grab, aber im Schaufeln war er wenigstens tippi toppi. So stieg er in seinen Bagger mit halb festgeschweißter Abrissbirne und machte sich an die Arbeit. Als erstes musste die Quickborner Bevölkerung davon überzeugt werden auszuziehen, damit er in Ruhe deren Häuser planieren konnte.

Mit Schlachtrufen wie: „WIDERSTAND IST SWAGLOS" und „ICH FETZ DIR DAS FOYER WEG" ballerte Gulli mit sechs km/h durch die City und überzeugte so lediglich eine überschaubare Zahl ihre Häuser zu verlassen. Das war ein Problem.

So versuchte er auf dem Rückweg eine seichtere Taktik. Er fuhr etwas schneller und deutlich näher an der Hauswand vorbei und rief: „Bock zu sterben?"

Nachdem die weinenden Kinder und aufgelösten Elternteile den Vorgarten verlassen hatten, fuhr er singend mit dem Song „Stahl und Beton - Rattatatazong" über das gesamte Hab und Gut der Familie. Auch noch mal rückwärts.

So gelang es dem Schwachkopf binnen zwei Tagen gut zwanzig Prozent des Immobilienmarktes zu pulverisieren und einen erheblichen Teil Quickborns aussehen zu lassen, wie die Warteschlange der Methadon-Vergabestelle in Wuppertal. Alles platt.

Das reichte dem Samtgemeindebürgermeister aber noch lange nicht. Gulli bekam, wie in einer Schrottpresse, mächtig Druck von oben. Das löste Gullis letzte drei Schrauben.

Er verstand sich als die Hand Schrottes, kaute zwei seiner Zehennägel ab und flambierte die Achseln eines Minderjährigen.

Die Niederwalzung war nicht mehr aufzuhalten. An seiner Abrissbirne klebte ein blutiger Bilderrahmen der Familie *Veddersen*, auf dem noch Reste des idyllischen Zusammenlebens erkennbar waren. Vaddi Veddersen, der Erfinder des berühmten Bum-Bum-Eises, saß heulend vor dem geschmolzenen Haufen seines klebrigen Imperiums.

Und schon fetzte Gulli die nächste Butze weg.

Hein Schleifstein, Erfinder der Rundfeile war entsetzt und rief angsterfüllt: „Der Jong is außer Rand und Band! Der böllert hier hardcore. So tu doch jemand was."

Der zugezogene Postbote *Petri* war als Held geboren und nun ergab sich endlich seine Chance zu glänzen. Er zog seine rutschfesten Noppenüberstülper über die Yellowcabs und machte sich auf zur Hauptstraße, um Gulli zu stoppen und dem Irrsinn ein Ende zu bereiten. Die übriggebliebenen Nachbarn applaudierten und feuerten Petri frenetisch klatschend an. Dieser erhob nun in Zeitlupe seine rechte Hand und sagte deutlich:

„Bis hier und nicht …" *Watsch!* – Da wurde er von Gullis Abrissbirne erfasst und zu Gulasch.

Gulli schrie im Rausch: „Wer sich widersetzt, wird umgerödert!" Die Umstehenden flüsterten weinend: „Der lässt nicht mal den Petri heil…", und machten sich aus Angst erst in die Hose und dann an die Evakuierung des gesamten Städtchens…

„Ja, die Nummer eskalierte", gab der Oberbürgermeister später zu. „Wir mussten den Abrissunternehmer G aus Q mit mehreren Schüssen eines Großkalibers aus der Fahrerkabine wegbetäuben."

Gulli hatte das erste Mal Erfolg, Schröder lud zum Leichenschmaus und Petri war Gulasch.

Amen.

WOOFY MCSNIFF

Der Dackeldetektiv

Charlotte Hannigan die Dritte war verzweifelt, denn das Rechtssystem bot ihr keine Hilfe mehr.

So fand sie sich im dunklen Korridor des fünften Stockwerks eines verlassenen Hauses, Pinkelbrick Ecke Crownstreet, wieder und blickte auf eine alte Glastür auf der geschrieben stand: „Woofy McSniff - Dackeldetektiv" – Sie trat ein.

Der leicht übergewichtige Woofy saß mit E-Zigarette whiskeyschlabbernd hinter seinem Ikea-Schreibtisch und schaute sie mit leicht versoffenem Hundeblick an. Er war es nicht gewohnt Klienten zu empfangen, da seine Aufklärungsquote bei 0,24% lag, was bei dreieinhalb angenommen Fällen nicht besonders viel war.

16

Jetzt hieß es Haltung bewahren. Er rückte seine Krawatte zurecht und fingerte an seiner Dienstwaffe rum, um die Sicherung zu überprüfen. Nicht, dass der Schuss, wie im Bordell vor einigen Hundejahren, wieder zu früh losging.

Mittlerweile waren fast zwölf Minuten vergangen und niemand hatte ein Wort verloren. Charlotte sah sich etwas eingeschüchtert im Raum um. Außer einem verranzten Körbchen war das Mobiliar eher spärlich.

Da bat Woofy sie endlich, Platz zu machen.
Charlotte setzte sich.

Woofy: „Ich bin Woofy, Woofy McSniff, aber das wissen Sie ja."
Sie hing an seinen Lefzen. Es war ein beeindruckendes Tier, das sich dort vor ihr aufbahrte.

Charlotte: „Woofy, hör zu. Ich habe beobachtet, wie mein Freund Pedro Enrique Lombardi Da Costa jemanden ermordet hat… Das kam mir Spanisch vor!"
Woofy war ganz Schlappohr.
Sie fuhr fort, kam aber am nächsten Tag gleich wieder.

Charlotte: „Wie siehts aus, Zaubermaus? Können Sie mir helfen?"

Der eingeschleuste irische Detektiv hörte schlagartig auf, sich im Schritt zu lecken und konzentrierte sich wieder ganz auf den Fall. Er lötete seinen Nuttenstengel an und sagte durch die aufsteigende Rauchschwade: „Ich brauche von Ihnen die drei W´s: wieso, weshalb und warum?"

Charlotte erwiderte: „Genau das gilt es zu klären, Herr McSniff."

Da Woofy darauf nicht direkt etwas zu sagen wusste, ergänzte er schnell eine weitere Bedingung: „Waffeln!"

(Woofy stand auf Waffeln - er hatte sogar einen Waffelschein.)

Charlotte: „Wenn Sie den Fall übernehmen, versichere ich Ihnen fünf Waffeln und im Falle des Erfolges, eine weitere."

Die Flöhe der Ex-Bullen-Dogge sprangen im Karree und heizten das Waffeleisen vor. Doch die Entlohnung klang einfach zu vielverschmeckend.

Er zweifelte an dem Wahrheitsgehalt der Story und musste gleichzeitig an seine beschränkten Fähigkeiten denken. Er würde die Nummer vermutlich wie üblich vergeigen. Um seine Statistik nicht zu gefährden, sagte er trocken: „Sorry du Model, das schaff ich nicht", und schiss auf seinen Hocker.

MICHELLE TROMMELFELL UND SEIN TRAINER NIKKI LAUTER

Der Rennfahrer der nach Gehör fuhr

Michelle war schnell. Dafür leider blind. Irgendwas ist ja immer. So besann er sich schon früher auf der Kartbahn auf sein Gehör und fuhr damit ganz gut. Nur die Ohrring-Strecke machte ihm zu schaffen. „Is halt n` Kreis", sagte er. „Klingt alles gleich, die Kacke. Ich kann nur abbiegen, wenns scheppert."

Um auch solche Schikanen siegreich zu bezwingen, brauchte er einen Trainer. Da kam nur einer in Frage: Nikki Lauter.

17

Eine Ikone im MotOhrsport. Michelle verstand ihn prächtig. Nikki fuhr stets mit dem Rad am Streckenrand nebenher und schrie seinen Schützling zusammen. Kommandos wie: „Sieh zu, dass du gewinnst" oder „Fahr schneller, als die Anderen" gehörten dabei schon zu seinen aussagekräftigsten Instruktionen. Während des Rennens war Nikki einfach nicht zu gebrauchen.

Michelle hatte sich angewöhnt immer mindestens ein Ohr auf dem Asphalt schleifen zu lassen um die Fahrmanöver seiner Kontrahenten besser interpretieren zu können. Würde super laufen, wenn Nikki nicht immer dazwischen bölken würde. Die beiden funktionierten so gut zusammen, weil Michelle immer versuchte ein paar Meter vor Nikkis Rad unterwegs zu sein um Ruhe für die akustische Analyse der Fahrdaten seiner Gegner zu haben. Das machte die beiden zu Siegern.

Nikki hatte nach der ersten Saison so stramme Waden, wie Dwayne Johnson und Michelle brauchte täglich zwei 10-Liter-Eimer Bepanthencreme für seine abgeschürften Ohrläppchen. Das war der Preis für einen Stammplatz auf dem Treppchen, den die beiden gerne bereit waren zu zahlen.

So fuhr Michelle einige Jahre Nikkis Geschreie und somit auch seinen Kontrahenten davon.

Das Dreamteam stand kurz vor dem ersten Weltmeistertitel, bis Michelle eines Tages während eines siegversprechenden Überholmanövers vom Streckenposten an der Ziellinie mit einem Laserpointer im Auge erwischt wurde. Nach dieser ungewollten Laser-OP konnte Michelle wieder sehen. Das war sein Untergang.

Durch die neuen visuellen Impulse war sein Hirn im Overload und machte dicht. Burnout. Nikki schrie: „Scheiße!", und Michelle bekam einen Hörschurz on top.

Erst siehste nix, dann hörste nix, dann biste nix.

Michelle Trommelfail.

Badum Tssss.

MEXICO IM MITTELALTER

Scharfes Brot – Tod

Valentina vio Lemone und ihr kleinwüchsiger Bruder Sancho waren gereizt. Pepe hatte ihnen für heute zwei massive Lanzen versprochen, aber als er Sancho mit seinen stämmigen Beinen und dezimierten Fingern das erste Mal sah, entschied er sich ihnen nur eine seiner Zweimann-Partylanzen zu veräußern.

Da kocht das Blut natürlich. So etwas konnten die beiden nicht gebrauchen. Sie wollten keinen Tandemstoß, sondern einen ordentlichen „Standard-Lanzenlörer".

Das musste knallen. Wie willste das mit einer Lanze für zwei machen, an der an jeder Seite ein Griff ist. Warum gibt es so etwas überhaupt? Wollte Pepe sie verarschen?

Valentina hielt sich sofort die Ohren zu.

18

Das tat sie immer, wenn sie kurz davor war sich vor Wut in den Rock zu machen.

Sancho aber war bereit Pepe das volle Ausmaß seiner Wut zu zeigen. Er deutete mit dem halben Ringfinger der linken auf seine drei übriggebliebenen Finger der rechten Hand und schrie: „Puste mal, Pepe!" und schleuderte ihm den mexikanischen Boomerang, den er geschickt aus einer weiteren Hand zog, an die Schläfe.

Nun war es an Valentina die Situation zu deeskalieren. Sie zog ihre zwei Finger aus den Ohren und rannte zu Pepe. Dieser war unglücklich gefallen und hatte sich stark verknotet.

Sancho schrie, während er sich stolz die Riesenwaden massierte: „Puta Madre. Der Vincent ist am Ende. Den hab ich kalt gestellt. Der vertickt so schnell keine lausigen Lanzen mehr!"

Während Valentina verzweifelt versuchte Pepe mithilfe einer kleinen Holzgabel zu entknoten, kam Sancho endlich zu dem wilden Treiben, um nach dem Rechten zu sehen. Pepe schien tot zu sein. Einer seiner Füße war sicher in der Brusttasche seines karierten Hemdes verstaut. Kein Zweifel, der war tot. Das machen die Organe nicht lange mit. Selbst bei einer hinterlistigen Schlange wie Pepe nicht.

Die Geschwister entschieden, die Lanzen, die Pepe bei dem Sturz aus dem Sombrero gefallen waren, als Entschädigung für diese miese Nummer einzukassieren und irgendwann in Ruhe die Seriennummern abzufeilen, wenn Paella über die Sache gewachsen war.

Jetzt musste nur noch Pepe weg. Sie schliffen ihn zur Kotgrube ihres mexikanischen Kaffs und sahen sich nach den königlichen Wärtern um. Charly Schiel, der Wachhabende Offizier, der in der Schießscharte nach zwielichtigen Tunichtguten Ausschau hielt, machte glücklicherweise gerade eine Kreuzpeilung, sodass sie unbeobachtet von Schielscharten Charly den Lanzenfuzzi in die Grube pfeffern konnten.

Da Pepe ein zäher Hund war, schwamm er recht auffällig an der Oberfläche und so mussten Valentina und Sancho drei ihrer Lanzen opfern, um Pepe zu beschweren. Sie warfen die schweren Lanzen und eine von Valentinas Sandaletten, die Sancho vor zwei Jahren auf dem Dachboden für sie gefunden hatte, auf den mexikanischen Lanzenproduzenten.

Dieser sank nun endlich zum Grund der Grube.

Ein Grund zu Feiern.

Valentina lud ihren Bruder zu Margaritas und scharfem Brot auf die Grubenfete ein. Sie vergnügten sich den restlichen Nachmittag mit den Lanzen und dem Brot.

Beide waren sehr angesehen im Dorf und so fiel die Schuld der Tat auf einen alten Piloten, der eigentlich nur auf der Durchreise in der mexikanischen Mittelaltersiedlung tanken wollte. Da er kein mexikanisch sprach, war es ihm nicht möglich abzustreiten, dass er Pepe in die Kotgrube geworfen hatte.

Das war's. Er war's.

Sancho, der sich längst nicht mehr an den Vorfall erinnerte, war außer sich. Wie konnte ein fremder Pilot so dreist sein und einen seiner Kumpels in die hiesige Scheiße tunken?

Er bereitete seine Waden auf den Angriff vor, während Valentina sich die Ohren zuhielt…

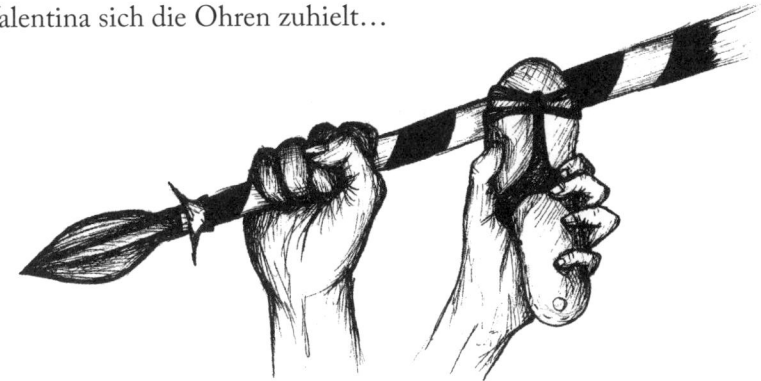

GUNNAR UND DER FÖRSTER UND DAS FEUER UND DER BIBER

Romantik im Unterholz

Es brannte lichterloh im Korridor der Baumhütte.
Was für ein geiles Gefühl, dort zu stehen wo schon vor tausenden von Jahren Menschen Feuer gemacht hatten.

Der schwedische Förster schlich zufrieden durch die geschichtsträchtige Jagdhütte seiner Vorfahren, da krachte es bedrohlich im Unterholz. Es war Gunnar, der finnische Saubermann, der mit seinem Radlader mitten in der Nacht den Wald aufzuräumen schien.

19

„Ich find das so scheiße", rief er und entwurzelte eine Fichte mit bloßer Hand. „Überall Bäume in der schönen Natur." Er ließ den Frust, der sich bei seinem Postbotenjob angestaut hatte, an einer weiteren Fichte aus und tätschelte seinem Biber zärtlich mit der anderen Hand den Kopf.

„Mir dampft die Socke", entgegnete der Förster und trat einen weiteren Schritt von der Hütte weg, die mittlerweile drohte, in sich zusammenzufallen. Er zeigte mit seiner Flinte auf das Flammenmeer und setzte fort: „Entspann dich, Gunnar, und genieße, was ich angerichtet habe. Faszinierend oder? Diese Hütte beherbergte über zwei Jahrhunderte Menschen und bot ihnen Obhut. Und ich, ich fackel das Ding in 20 Minuten komplett runter."

Gunnar fragte: „Warum, bei Odin, tust du das?", und kickte seinen Biber in die Walachei, welcher, treu wie er war, zurück lief und seinem Herrchen glücklich auf die Schulter sprang. „Weil ich ein Statement setzen wollte", donnerte es resolut vom Förster zurück.

Das verstand Gunnar und reichte ihm ein Dosenbier.

Die beiden verbrachten die restliche Nacht mit Pilsette und leichtem Grillgut, bis die ersten Sonnenstrahlen durchs Gehölz brachen. Der Morgentau glänzte auf dem Moos und der Biber räkelte sich auf Gunnars Damm.

„Solche Nächte sollte es öfter geben", sagte Gunnar, der seine Riesenpranken leicht angesoffen um den Hals des Försters legte. „Leider war das meine letzte Hütte", flüsterte der Förster in Gunnars haariges Riesenohr und kuschelte sich richtig rein. Seine langen borstigen Ohrhaare kitzelten ihn ein wenig in der Nase, aber das fühlte sich prima an.

Nach einer epischen Runde Axtwerfen, die der findige Biber mal wieder für sich entscheiden konnte, verspeisten sie das überhebliche Geschöpf, das bis eben triumphierend „The Winner Takes It All" sang und dabei seinen Biberschwanz als Baseline mit Schmackes gegen eine Rotbuche ballerte.

Gunnar mochte gerne der Stärkste sein und drohte in seinem Adrenalinschub auch noch den Förster stark zu erhitzen. „Bei aller Liebe, Gunnar. Wer den Förster verzehrt, ist des Waldes nicht wert", sagte der Förster und lächelte leicht angesoffen.

Das beruhigte den kräftigen Finnen und er sprang in die Schaufel seines Radladers ohne daran zu denken, dass sein Biber ja immer gefahren war.

So tat der Förster seinem ebenfalls angeduselten Freund den Gefallen und fuhr ihn direkt zur Schicht, wo Gunnar etwas übermüdet aber glücklich seine Schultertaschen sattelte und sich auf den Weg machte.

Er war schließlich ein ganz normaler Postbote.

Der Förster war ein ganz normaler Förster und der Biber war tot.

KONRAD

Die Flunder mit dem Naziplunder

Konrad führt einen Antiquitätenladen in Fulda. Er hatte ihn damals günstig geschossen, da der Vorbesitzer an Taschenkrebs erkrankt war.

Die Flunder will seine Verkaufsfläche gerne nach Osten erweitern, weil seine Spezialisierung auf rechte Raritäten in der Stadt eingeschlagen hat, wie eine Bombe. Die zurückgebliebenen Meeresbewohner lieben die schweren Uniformen, historischen Waffen und das Gefühl, in seinem Laden endlich zugehörig zu sein.

Konrads Erfolg folgt einem einfachen Leitfaden: Ich mache es allen Kunden rechts. So war er z.b. die letzten paar Wochen für einen seiner Stammkunden auf eBay unterwegs gewesen und

FAST 21

hatte alte Heilbutt-Uniformen und 7,6 Millimeter Wolfsbärsche ersteigert. Alles Serviceleistung. Die gehörten in Fulda eben dazu.

Da kommt auch schon der Lieferant. Der Stör fällt rückwärts, Sackkarre schiebend durch die Flügeltür des Ladens. „Tschuldige, wenn ich stör, aber ich hab hier wieder ´ne Lieferung für dich, Konny."

Während die Flunder den Lieferschein quittiert und sich an den Karton machen will, belebt sich der Laden plötzlich. Ein Schwall japanischer Touristen wird hineingespült und schaut sich bei der Munition um. Die Kugelfische fragen nach MP 40 Kalibern und bleiben auf dem Weg zur Kasse mit ihren Stacheln im Hutständer hängen. Vor Schreck plustert sich der fette von ihnen auf und reißt dabei die gesamte Flaggenkollektion von der Wand. Jetzt war Polen offen. Konrad bölkt die Luftpumpen über seinen Verkaufstresen hinweg zusammen und schmeißt sie aus seinem Reich.

Da kommt ein Steinbutt mit Kopfhörern durch die Tür, schaut sich verwundert um, hält einen Moment inne und geht wieder mit den Worten: „Sorry, dacht´ das wär ´n Plattenladen."

Die Tür ist noch nicht ganz zugefallen, da stolpert auch schon ein von der Seite dünn aussehender Fisch hinein und fragt Konrad: „Hallöchen mein Herr, ich suche meinen verschollenen Bruder." Da lugt ein minderjähriger Plattfisch hinter dem Rechtsrock-Regal hervor. „Benni? Bist du das?", fragt er. Die Schollen fallen sich in die Flossen. „*Zusammen, was zusammen gehört*", denkt Konrad und räumt den Dreck der Kugelfische weg, nachdem er die durchgewühlten eisernen Kreuze wieder in's rechte Licht gerückt hat.

Ein paar Stunden später ist Harri der Delphin, in der Partei nur der „Versch-Tümmler" genannt, da um die neue Heilbutt-Uniform anzuprobieren. Sie passt wie angeflossen. Er schmeißt drei Taler Nazigold auf den Tresen, bekommt zwei Nazi-Kreuzer Wechselgeld und geht ohne sich zu verabschieden. Konrad mag Harri nicht, aber das Leben mit Kunden ist wie Frankreich: Da musste durch.

Der Nazischuppen hat aber nicht nur Fans in Fulda. Konrad ist schon öfter an Gegner seines Imperiums geraten, aber das was jetzt passieren sollte, ist selbst für ihn neu.

Ein bolschewistischer Rotbarsch namens Torsten hantiert mit Zippo und Eule vor der Eingangstür, schreit: „Fire in the Owl!", und wirft den brennenden Uhu in Konrads Geschäft. Der Flattermann knallt direkt in die Munitionsbüchse, hinter dem Tresen. 12 Jahre Wachstum in 10 Sekunden pulverisiert.

Konrad ruft „Musst ja nicht gleich Auster Haut fahren!", und rettet sich in seinen Bunker. Manch einer fragt sich, warum der Rotbarsch zu so drastischen Maßnahmen gegriffen hat…

Easy: Weil Nazis scheiße sind.

FERTIG

JETZT DU

GESCHICHTEN ZU VERGEBEN

DIE NUN FOLGENDEN IDEEN WAREN WIR NICHT IM STANDE AUSZUARBEITEN. WENN DU BOCK UND ZEIT HAST SCHRIFTSTELLER ZU WERDEN, BEDIEN DICH UND SENDE UNS GERNE DAS ERGEBNIS.
EMAIL AN: SCHREIBEN@ODERSO.COOL
AUF DIE BESTEN UND DIE ANDEREN WARTET EINE FULMINANTE ÜBERRASCHUNG, ODER NICHTS.

WOODY CHOP CHOP

„TOP JOB, CHOP CHOP", RIEF SEIN BOSS UND
HOB DIE FINGERCHEN AUF

DER FLATULENZEN-FUNKER

HOBBYFUNKER AUS BRÜTTENDORF MIT
KURZER RIECHWEITE

BERGSTEIGENDES BAKTERIUM

ABENTEUER IN DER NEBENHÖHLE

DER SCHLACHTER „FRANZNACKEN"

KNOBLAUCH KLOBAUCH IN LYON

KAPITÄN GUCK, DER BLINDE PILOT

FLIEGT BEI AIR UND SIE

DER FORELLSICKER

EIN FORELLENFORSCHER, DER POST MORTEM GUCKT, OB NOCH WAS GEHT

TUSSI UND GABBA

DIE HURE UND DER DJ OHNE KOLLEKTION

YAMYAM WIEGT EIN FILIGRAMM

DER DEALER UND SEIN OREGANOSCHWAN

COOL UND PINKEL

2 DÖRFLER UND DIE WURSTPARADE IN SCHRITTGESCHWINDIGKEIT

KLIPPO COLA

KRIEGEN SPIELEN IM GEFRIERFACH

Allen vorweg danke ich dir, weil du zwischen all den richtigen Büchern, nach dem Ding hier gegriffen hast.

Dann vor allem Bianca fürs Zeichnen der Meisterwerke. Ich hab ihr Zeug bei Instagram gesehen und einfach gefragt, ob sie nicht Bock auf ein paar Scribbels hätte. Hatte sie. Danke!
www.biantsy.de

Dann einen riesen Dank an Kerstin, der besten Buchhändlerin aus dem besten Buchhandel in Zeven. Kerstin hat uns ein wenig an die Hand genommen und so „Öv Aeöv Eueij" möglich gemacht.
www.lesezeichen-zeven.de

Viel Liebe an Miriam Böttner für das beste Foto dieses Buches.
www.miriamboettner.com

Und dann danke ich natürlich Lars. Auf alte Freundschaft und neue Liebe. Ohne dich würden hier 90% der Wortneuschöpfungen und irren Gedankenwendungen fehlen.

Fynn

DANKE

Erstmal danke ich meiner lieben Frau und meiner Tochter, dass sie so viel Geduld mit mir hatten. Um dieses (Meister)Werk zu schreiben, blieben leider viele gemeinsame Stunden auf der Strecke.

Danke an alle, die an dieses Projekt geglaubt haben und uns unterstützt haben. Vielen Dank an Friederike für das erste Korrekturlesen, an meine gesamte Familie und Freunde, die öfter Leseproben über sich ergehen lassen mussten. Spezieller Dank gilt Familie Meyer für die Hilfe von der Kaffeetafel aus.

Natürlich danke ich Fynn. Zunächst einmal für die über viele Jahre andauernde Freundschaft und natürlich für die Möglichkeit sämtliche Wortkreationen und seltsam schrägen Gedankengänge, die in meinem Hirn umherschwabbelten, in diesem Buch kundtun zu dürfen.

Zu guter Letzt möchte ich dir danken, dass du dir unser Buch gekauft hast und hoffe, du hast deinen Spaß daran.

Lars

AUF EIN WORT, BEVOR DU DICHT KLAPPST

LARS: Ich schätze mal mit dem Papier hier machen wir in 3 Jahren den Kamin an, weil die Scheiße mega floppt.

FYNN: Lass reinschreiben: „Und nein, du kannst dein Geld nicht wieder haben" … Glaubst du das checkt jemand, dass das lustig ist?

LARS: Klar! Gib mir man noch ´ne Motivationsbüchse (zeigt auf ein geschlossenes Dosenbier).